サンティヤーゴの巡礼路

柳宗玄著作選　6

八坂書房

第六巻　サンティャーゴの巡礼路

目次

サンティヤーゴの巡礼路……7

序　9

第一章　聖地へ……13

聖地に向かう人々　15
聖ヤコブスの墓　24

第二章　巡礼に旅立つ人々……33

巡礼の記録　35
旅立ちの意図　46
旅立つ人々　55
巡礼を迎える人々　64
救護の施設　75
巡礼路と聖堂　81
フランスの聖地　92

第三章　ガリスィヤを目指して……107
ピレネーを越えて　109
苦難の旅路　118
ブルゴスまで　125
大平原の道　138

第四章　さいはての大聖堂……157
最後の難関　159
聖都に入る　169
聖ヤコブスの大聖堂　177
聖都にて　185

終　章　中世の巡礼たち……193
巡礼の心理　195
貧しい旅人たち　200
苦行としての巡礼　207
庶民の心情　215

＊

全訳『サンティヤーゴ巡礼案内書』……223

「サント・ドミンゴ・デ・ラ・カルサーダの奇蹟」
（コーモンの領主ノパール筆）……305

訳書解説　309

＊

関連地図　312

あとがき　319

サンティヤーゴの巡礼路

序

現実というものは、夢に乏しいものである。しかしこの現実が過去へと遠のいてゆくと、次第に夢の領域へ入ってゆく。

西洋も中世まで遡ると、時代は夢に満ち満ちている。それは例えてみれば、古城のようなものだ。古城は暗く湿っぽく、物の怪が潜み、夢と詩情とが漂っている。私たちの時代の近代建築には、このような妖しさは全くない。

しかしこの古城がかつて新しかったときはどうであったろうか。おそらく、それは、やはり夢のある建物だったに違いない。つまり中世が夢幻的な時代だというのは、それが過去という霧の中に半ばその姿を没しているからだけではないのだ。時代そのものが、本質的に夢を宿していたからである。

この時代には、キリストや聖母がしかるべきときに出現して奇蹟を行い、遠い時代の殉教者や聖人が姿を現して人々を危難から救い、また悪魔も負けじと彼らを不幸へと誘う。当時の記録がこれを生き生きと伝え、彫刻や絵画がこれを現実のものとして民衆に示す。

近代の科学的精神や合理主義は、勇敢に過去へと切り込み、中世の歴史の中から、非合理な影の部分を

図1　フランス中部の山岳地帯オヴェルニュの聖地、
コンクの聖堂から遙か西方へ向かう古き巡礼路。

一切排除した。学としての中世史学は、それによって堅固な骨組を与えられた。しかしそれによって、中世の民衆の最も大切なものが骨抜きにされなかったであろうか。

かりに奇蹟や悪魔の業がすべて創作であり迷妄であるとしても、中世の多くの人々がそれを信じたということは事実であり、信じた上での行動が、歴史に巨大な跡を残したということも事実である。これらの事実は、その源がとうてい納得しがたい非合理的な迷妄であるとしても、それを否定するわけにはゆかない。

十二世紀初めを最盛期として全ヨーロッパの人を誘った西北スペインの聖地サンティヤーゴ・デ・コンポステーラへの巡礼は、その意味で、中世人の心理と信仰とをよく理解させる極めて興味深い歴史的事実である。

この時代の巡礼の心理は、近代人には容易に理解できぬものである。それは数ヶ月あるいはそれ以上に及ぶ徒歩あるいは騎乗の旅の苦労と道中のあらゆる危険とを前提とした上での聖地訪問である。道中多くの人々の温かい心に勇気づけられ、あるいは悪人や思いがけぬ不運に苦しめられながら苦難に耐えぬく。それは、現代人の快適な旅行と違って、苦行であり、人間の弱さと罪の反省であり、救いの願いであったのだ。

物欲と安楽を求める現代人には、このような巡礼は何の意味もなかろうが、現代という時代が、曲り角にきているとき、サンティヤーゴへの古き道は、何か新しい意味を帯びてくるかもしれない。

第一章

聖ヤコブスの聖地へ

聖地に向かう人々

十二、十三世紀のヨーロッパは、「旅人の時代」だったといわれる。各地の道路は行き交う旅人で賑わっていた。これと比較できるのは私たちの「自動車の時代」しかないという人もいる。

ローマその他各地の聖地を行き交う聖職者たち。西はアイルランド、イベリヤ半島から東は東欧さらにはオリエントにも及ぶ範囲に活動網を広げた修道士たちの往来。東方への十字軍やスペインのレコンキスタに赴く騎士たちの群れはいうまでもない。この頃、急速に各地で創設され始めた大学は、今日よりもはるかに国際的な性格が強かった。パリ大学では、ソルズベリ(イングランド)のヨハンネス、ケルンのアルベルトゥス・マグヌス、イタリヤからのトマス・アクイナスおよびボナヴェントゥーラ、ブラバン(ベルギー)のスィゲルスなどの名も見える多彩な教授陣を慕って、学生たちも、遠くはイタリヤ、デンマーク、ハンガリヤからも押し寄せた。当時の知識階級は、移動の生活に終始していたといわれる。

他方、土地所有権の確立しなかった時代のこととて、領主も農民も一定の土地に定着することがなく、集団的なあるいは個人的な移住が絶えず行われた。商人の移動はいうまでもないが、工人の移動――修業も含めて――も激しく、建築師の場合のオヌクールのヴィラール（ハンガリヤまで行った）、金工師のヴェルダンのニコラウス（ヴィーン郊外のクロスターノイブルクに大作を残している）などのように、広域にその足跡を残している者も稀ではない。芸人や音楽師、詩人にいたるまで、旅に生きる人は極めて多く、中世人にとっては、まことに人生そのものが長い旅路にほかならなかったのである。

その旅人たちの中で、ひときわ目立つのが巡礼であった。長い杖をもち旅嚢《りょのう》と瓢簞《ひょうたん》（水やぶどう酒を入れる）をぶら下げ、多くは徒歩で、時には馬で旅路を行くのであった。彼らのほとんどは、ヨーロッパの各地から一定の道を同じ方角に向かった。その目指す先は遥かに遠いイベリヤ半島の西北の町、サンティヤーゴ・デ・コンポステーラであった。

キリスト教徒の巡礼といえば、まず海の彼方なるイェルサレムが思い出されるであろう。古くから、ヨーロッパのキリスト教徒にとっては、イェルサレム巡礼が人生最大の夢であった。しかしイスラーム教の台頭により、この巡礼は容易ではなくなった。とくに地中海がイスラームの内海となってからは、イェルサレム巡礼は困難が増した。十一世紀末から十三世紀に至る十字軍の活動でイェルサレム巡礼の道がある程度確保されたが、実際に巡礼がどれほど回復したのかは、まだ明らかにされていない。

他方ローマも著名な巡礼地である。カロリング朝およびオットー朝にはこの聖都への巡礼がことに盛んとなった。ここにはキリストの弟子の中でも傑出した二人すなわち聖ペトルスと聖パウルスの墓がある。さらに初期キリスト教徒の大地下墓地（カタコンベ）がある。とくに、イェルサレム巡礼が危険になってか

図2　巡礼姿の聖ヤコブス像
レオン西南方の寒村サンタ・マルタ・デ・テーラの聖堂南入口、12世紀前半

らはローマへの巡礼がいちだんと数を増した。しかし、十一世紀以降そしてとくに十二世紀になって、全ヨーロッパの巡礼は全く別の新しい聖地に向かい始めたのである。

ダンテ（『新生』第四十節）によれば、彼の時代の巡礼には、海路イェルサレムに赴いて椰子《やし》の葉を持ち帰るパルミエーリと、イスパーニャ西北のガリスィヤの地の聖ヤコブスの墓に詣でるペリグリーニと、ローマへの巡礼ロメイの三者があった。そしてペリグリーニについては、聖ヤコブスの墓がどの弟子の墓よりも遠くにあるからそう呼ぶのだという。ペリグリーニは、ラテン語のペレグリーヌスからきた語で、これはもともと異邦人を意味する。さらに語源を遡れば pereger —— per-ager すなわち野原を通って来た者——旅人の意であり、十一世紀頃から巡礼、そしてとくにサンティヤーゴ・デ・コンポステーラへの巡礼を指すようになったらしい。

なぜにこの地が、ローマにも優る巡礼の聖地になったのか。その理由としては、何よりもまずパレスティナ方面の情勢からして、ヨーロッパのキリスト教徒の間に別の巡礼地を求める気持が昂っていたことが考えられる。さりとて、ローマはいささか近すぎる。巡礼とは、野山を越え、ときには荒海を渡り、時間をかけて労苦を忍んで辿り着くところにその意味があるのだ。イベリヤ半島は、大半はなおイスラームの占領下にあったが、その北岸はキリスト教徒の支配下にある。イスラームの脅威下にあるが、道はともかく確保されている。その西端なるさいはての地こそ、ヨーロッパのキリスト教徒にとって巡礼の聖地にふさわしい。このような願望にいみじくも「奇蹟」が答える。九世紀に星の導きによって聖ヤコブスの墓が発見され、それが機縁となって聖堂の建立となった。かくて巡礼の目指す聖地は確定した。

図3 サンティヤーゴ大聖堂身廊
主要部は11～13世紀のロマネスク様式

図4　サンティヤーゴ大聖堂西入口、「栄光の門」上部、12世紀後半

中央上部のキリストは、受難の道具を持つ天使たちと黙示録の24老人に囲まれて厳然としている。その足元には巡礼杖をもつ聖ヤコブスの坐像が見え、優しい容貌で巡礼たちを迎えた。

イギリスやフランス西海岸からは、船で行く方法もある。しかしこの場合、イスラーム教徒や海賊の船に襲われる危険がある。イギリスや北欧方面からの巡礼の多くは、まずパリに集まり、西南に向かうのだった。ドイツ方面からの巡礼は、ライン、モーゼルの渓谷を南下し、その多くはブルゴーニュを経てローヌ渓谷に出、イタリヤ方面からの巡礼とアヴィニヨンあるいはアルルで合し、西行した。

途中、巡礼たちは、いくつもの聖地に立ち寄りながら、スペインに向かった。聖女マリヤ・マグダレーナゆかりの地ヴェズレーからリムザンの隠修士レオナルドゥスの町サン・レオナールを通る道、さらに「黒い聖母」で著名なル・ピュイを経て聖女フィデスのコンクに寄る道もある。フランスの主要巡礼路は四本を数えるが、ピレネーを越え、パンプローナを過ぎてから巡礼路は一つとなり、スペイン人のいうカミーノ・フランセス（フランスの道）の最後の苦難を克服しつつ西進を続けて、サンティヤーゴの町に入るのだった。

図5　サンティヤーゴ大聖堂身廊
構造は12世紀の『巡礼案内書』（本書223頁以下）に詳しい

聖ヤコブスの墓

聖ヤコブスはキリストの十二使徒の一人で、他にも同名の人物が二人いるので、とくに大ヤコブスと呼ばれる。福音書によると、彼はキリストの側近としてしばしばキリストの奇蹟にも立ち会った人で、最後にヘロデス・アグリッパスのために殺されたことが「使徒言行録」（XII、1〜2）に見える。

しかし彼に関しては、民間の言い伝えがその伝記をいちだんと魅力あるものにしている。多数の聖人古伝を集大成したかの有名な『黄金伝説』（十三世紀）には、聖ヤコブスの奇蹟の物語が多数収録されている。それによると――ヤコブスは主の昇天のあと、スペインへ布教に赴く。しかしその努力は実らず、わずかの弟子を得ただけで、またユダヤに戻る。彼はそこで魔術師ヘルモゲネスとその弟子フィレトゥスに会う。ヘルモゲネスは魔法を操り悪魔を使って聖ヤコブスを打ち負かそうとするが、まずフィレトゥスが聖ヤコブスの弟子になり、ついで悪魔たちが天使に火の鎖で縛られたあと、聖ヤコブスに救われる。その悪魔たちが、逆にヘルモゲネスを縛ってしまう。魔術師はついに改心して、善人となった……。

図6　聖ヤコブス像
サンティヤーゴ大聖堂内陣旧祭壇を支えた柱の一部、12世紀
マドリード、国立考古博物館蔵

さらに物語は続く。ユダヤ人はヘルモゲネスの改心にいらだったが、大司祭アビヤタールに煽動され、聖ヤコブスの首に縄をつけ、ヘロデス・アグリッパスの前に引き立てる。そのとき彼は、治癒を求める中風病みの男を、キリストの名においてなおしてやる。それを見た縄引きのヨスィヤスという書記が、聖人の前に跪いて赦しを乞い、キリスト教徒になりたいと言う。聖ヤコブスは彼に洗礼を授け、そのあと二人とも斬首されてしまう。

聖ヤコブスの弟子たちは、彼が斬首されたあと、遺骸を帆も櫂もない舟に乗せる。舟は天使に操られ、ガリスィヤのルパ王女（ルパはラテン語で娼婦、牝狼の意）の国に着く。弟子たちは上陸し、大きい石の上に遺骸を置いたところ、石が蠟のように溶けて遺骸を吸いこみ、石棺のようになった。さて弟子たちは女王に会い、埋葬の土地を求める。女王は彼らをスペイン王のもとに送る。王はキリスト教嫌いで、彼らを捕えて投獄する。しかし王の食事中、天使が彼らを逃がす。王の追手は、渡ろうとした橋が壊れて川に落ちて死ぬ。王は後悔して、弟子たちを、希望をかなえてやると呼び戻す。

さてルパはこれを聞いて奸計をめぐらし、彼方の山に牛がいるからその牛に車を付けて聖人の遺骸を運ばせ、好きな所へ葬るがよいという。その牛はじつは凶暴な野牛で、山には火を吐く龍がいるのだ。さて弟子たちは山に行き龍に襲われるが、彼らが十字を切ると龍は死ぬ。また野牛に向かって十字を切ると羊のようにおとなしくなる。そこで牛を車に繋ぎ、聖人を石ごと車に乗せてルパの宮殿に戻ってくる。女王は改心し、弟子たちの要求をすべて受け入れ、宮殿を聖堂に造り直し、余生を善行のために過ごしたという。

図7　ガリスィヤを目指す古き巡礼路の一部　クルス・デ・フェーロ付近

以上の『黄金伝説』の記述のうち、聖ヤコブスの殉教にいたるまでの部分は非常に古く、バビロンの初代司教であり、キリストにも会ったことのあるアブディヤスの記述に遡るものとされるが、使徒の遺骸のスペイン移送の物語は、九世紀中頃の起源のものが、多少の変改を受けて十二世紀初めに定着したものらしい。

ところで、聖ヤコブスの墓の発見の次第は次のごとくである。すなわちサン・フェリックス・デ・ソロービヨ聖堂（今日残るロマネスク大聖堂の東南近くにある）に住むペラギウスなる隠修士が、あるとき天使に聖ヤコブスの遺骸のある場所を教えられたが、同時にサン・フェリックスの信徒たちも、超自然の光によってそれを知った。そのあと、イリヤ・フラウィヤ（西海岸の町、パドロンの古名）の司教が信徒たちの先頭に立ち、光に導かれて到達したある地点で「大理石で覆われた墓」を発見したという。

この伝承を学問的に検討したデュシェーヌ神父によると、聖ヤコブスがスペインの使徒であるという伝承は、七世紀初頭頃ギリシヤ語で記された使徒録がラテン語に書き変えられたものに基づき、それと八三〇年頃イリヤ・フラウィヤ司教区で古代の墓が発見されたこととが結びついたのだという。時あたかもイベリヤ半島では、イスラームの脅威が高まり、有力な使徒の一人をスペインの守護者として求める心理的な要請があったのである。それに応えるかのように、八四四年に、クラヴィーホ（ログローニョ東南）の戦いで聖ヤコブスは騎士の姿をとって現れ、ラミーロ一世の軍勢を助けてイスラーム軍を打ち破ったと伝えられる。

早くからキリスト教文学が発達していたスペインであるが、聖ヤコブスに関する記述は七世紀以前のス

図8　キリスト磔刑像
レ・ゼサール、ノートル・ダーム聖堂祭室の絵ガラス窓、12世紀後半

図9　カスティーリャの大平原を行く羊飼い
サン・ミゲル・デ・エスカラーダ付近
こうした風景は中世も今も変らない。

ペインには存在しない。聖ヤコブスの聖遺物崇拝の最古の痕跡は、西南スペインのメリダの碑文（七世紀前半）で、この地の修道士たちがイスラーム教徒に追われて逃げた先がイリヤ・フラウィヤであり、同地の近くに古代墓地があったことが、聖地誕生のそもそもの発端であったようである。この聖地の名をサンティヤーゴ・デ・コンポステーラ（すなわちコンポステーラの聖ヤコブス）というが、そのコンポステーラはラテン語でカンプス・ステラエ（すなわち星の野原）であって、墓が星によって示されたがゆえという説明が一般になされている。またそれとは別に、コンポステーラとはたんに墓地を意味するにすぎぬ、という見方もある。

いずれにしてもこの聖ヤコブスの聖地の伝説は、創作されたものであることは疑いない。しかしその創作されたものが、まさにスペインをイスラーム教徒の蹂躙から救うための重要な精神的支えをなしたのであり、さらに中世のキリスト教社会に想像を超えた大きい刺激を与えたのである。

第二章

巡礼に旅立つ人々

巡礼の記録

サンティャーゴ・デ・コンポステーラ（たんにサンティャーゴまたはコンポステーラともいう）の聖使徒の墓への巡礼は、最初はその付近の地域の人たちに限られていたらしい。しかし九〇〇年にこの町にイリヤ・フラウィャから司教座が移されたことは、すでにこの聖地への巡礼が盛んになっていたゆえであろうし、またそれがいちだんと多くの巡礼を集めることにもなったのである。記録で知られているフランス方面からの最初の巡礼は、オーヴェルニュの町ル・ピュイの司教ゴデスカルクで、九五一年のことであった。

その後急速に巡礼の数が増し、やがてヨーロッパ全土から巡礼が集まることになった。十二世紀に入って、ローマにもイェルサレムにも優って最大の巡礼地となったのだが、その実数はどれくらいだったのだろうか。これは時代によって、年によって（戦乱や疫病の流行などが影響）、また月によって（冬の最も厳しい季節には減少）異なるが、最盛期のよい季節には、聖都に入る巡礼の数は一日千人を下らなかったようである。『コンポステーラへの道にて』の著者ダニエル・ロップスは、年間五十万人と推定している。帰路の

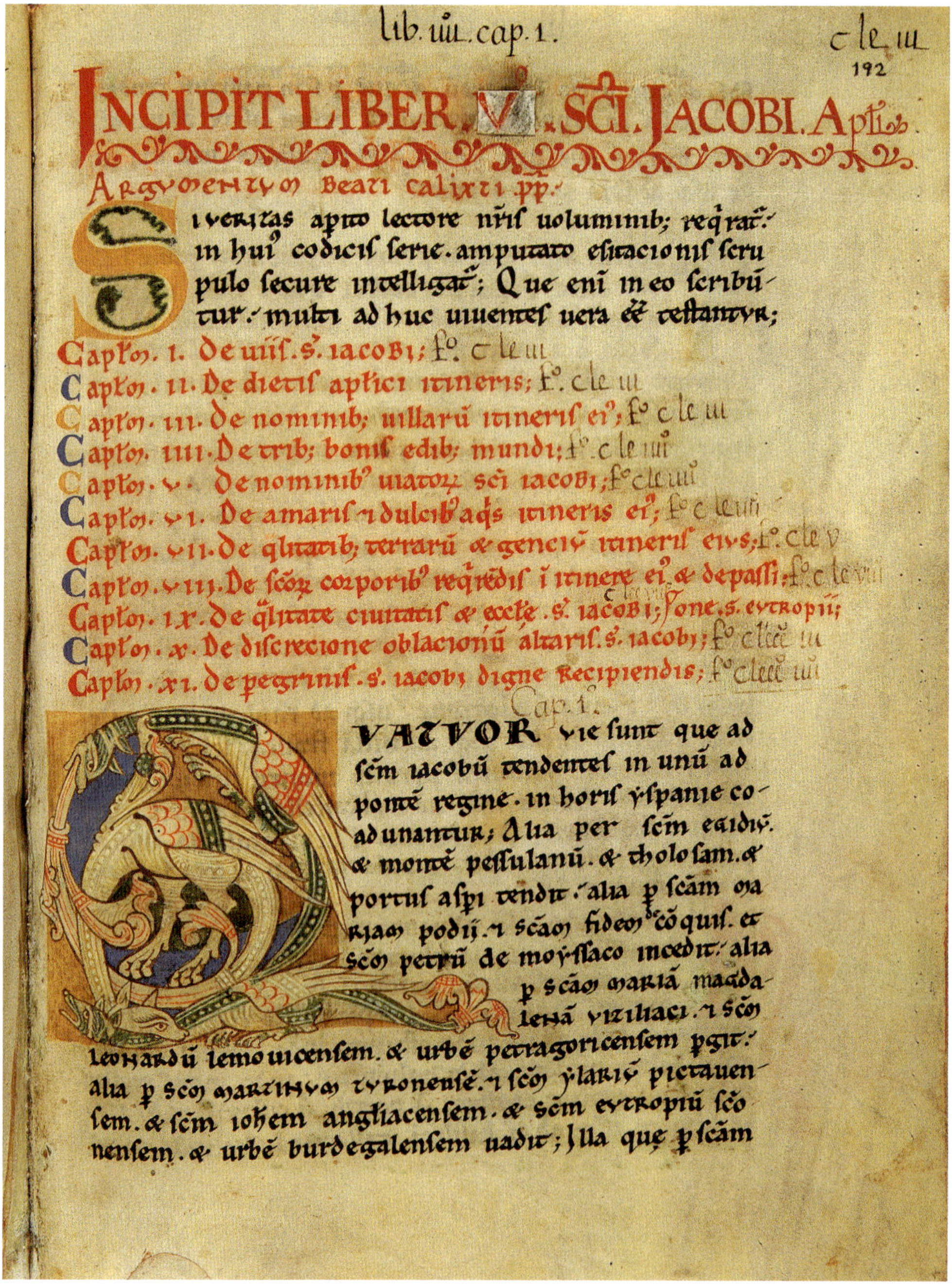

図10　『聖ヤコブスの書』より
第五の書『サンティヤーゴ巡礼案内書』冒頭（f. 192r）
サンティヤーゴ大聖堂宝物館蔵

図11　同右、第四の書より（f. 162v）
戦いに臨むカロルス大帝とその軍勢
サンティヤーゴ大聖堂宝物館蔵

者をも加えると、巡礼路（とくに主要路が一本であるスペインの街道）の宿駅は、場所によっては連日数千人の巡礼で賑わったであろう。この巡礼熱は、後にかなり鎮まったとはいえ、なおその後六、七世紀間も続いたのである。

しかしこの無数の巡礼のあらゆる貴重な体験は、ほとんどそのまま露のように消えてしまった。自分の経験をわずかでも書き残した者は、ほんの数えるほどしかいない。

しかしその中で、書物の形をとって奇蹟的に今日まで伝わった貴重なものが一つある。サンティヤーゴ大聖堂の宝物館に保存されている著名な『サンティヤーゴ巡礼案内書』（以下『案内書』と略記する）である。

この書は、じつは『聖ヤコブスの書』と題された著作の一部をなすものである。この著書そのものは別名『カリストゥスのコデックス』といわれるが、それは、教皇カリストゥス（在位一一一九―一一二四）の手紙と称するものが、序文として付け加えられているからである（ただしその手紙は教皇自身のものではない）。この書は五部に分かれ、第一が、典礼、聖務および讃歌、さらに聖ヤコブスを讃える説教を集めたもの。第二は、聖ヤコブスのとりなしによって起った奇蹟の記録を集めたもの。第三は聖ヤコブスのスペイン布教、殉教およびその聖遺物のスペイン移送。第四が司教トゥルピヌスによるカロルス大帝とロトランドゥス（シャルルマーニュとローラン）の物語。そして第五が巡礼のための案内書となる。この『聖ヤコブスの書』は、その記録からして一一三九―七三年の間に書かれたものと推定されているが、書き方には必ずしも統一性がなく、おそらく一一五〇年頃数人の手によって編集されたものらしく、それが後代に多少の変改を受けつついくども筆写されたようである。中心的な筆者としてアイメリクス（教皇カリストゥスの尚書）の名が遺されているが、この人は西南フランスのパルトゥネー（ポワティエの西方五一キロメートルにあり、今日もなお中世風の美しい姿を残す）の修道士であったらしい。

この『案内書』は、今日のいわゆるガイド・ブックに相当するものであるが、もちろん観光的な性格はほとんどなく、もっぱら巡礼の実用に供すべく書かれたものである。すべてが整然と遺漏なく書かれているというものではないが、巡礼がどのような道筋を通るべきか、途中でどこどこに立ち寄るべきか、そこにはどのような有難いものがあるか、道筋の各地の食物や水はどうか、それぞれの土地の人々のもてなしぶりはどうか、どのような危険があるかなどを、巡礼の経験者としてていねいに説明し、最後に到着地のサンティヤーゴの町のさま、大聖堂のさまなどを讃嘆の情をもって記している。

巡礼はサンティヤーゴを目指すが、そこだけが唯一の目的地なのではない。途中に立ち寄るべき聖地はいくつもある。フランスの主要な聖地を結びつつスペインへ向かう道筋は四本あり、それらのうちアルルから西行する南フランスの道は、オロロンからピレネーのソンポール峠を越えてスペインに入り、他の三本はピレネーの手前で合してロンセスバリェスで山越えとなる。そして以上のいずれもがプエンテ・ラ・レイナで合し、そこから一路西の彼方なるサンティヤーゴに向かう。

道中最も重要なものは、何よりもまず食物と水の確保であろう。どの町ではパンがよく、ぶどう酒がうまく、肉、魚が豊富だとか、どの川は水がわるく、人はもとより、馬にも飲ませると危険だといった記述は、巡礼たちには何よりも有益だったことだろう。「スペイン全土やガリスィヤ（スペイン北西部地方）では、魚や牛肉、豚肉のすべてが異国人には病気をもたらす」と書いて、スペインに入る巡礼の健康に気を遣っ

図12　ラバナル・デル・カミーノの村を抜ける古き巡礼路

ている。「私がこれらの川について記したのは、サンティヤーゴへ行く巡礼たちに、彼らと彼らの乗る馬たちが不潔な水を飲むことなく清浄な水を選ぶように注意をしていただきたいからである。」

著者はまた、教養人として地方文化に対して多少の批判を加えているのも興味を引く。「ポワトゥ地方の人たちは、たくましく優れた戦士で、戦場では弓矢や槍の使い方がうまく、戦に臨むと勇敢で、走るのが速く、身だしなみは優雅、美貌、信心深く、人をもてなす心が極めて豊かである。」これはいささかお国自慢なのであろう。「ガスコーニュ人は口が軽くおしゃべりで、からかい好き、ふしだら、酒好き、食いしんぼう、ぼろを纏っていてみすぼらしく、金を持たない。しかし彼らは、喧嘩好きだが貧しい人々には目立って親切である。」

スペインへ入るとすべてが物珍しく、人々の服装、習慣から言葉までがいちだんと詳細に観察され報告されている。批判も厳しい。

厳密な意味での巡礼路案内は、この書の最初の三分の一で、次の三分の一は各地の聖地や聖人の説明、終りの三分の一は、前述のようにサンティヤーゴの町と大聖堂とくにその細部を詳細に説明するものである。

以上のうち巡礼路案内は、西南フランスからピレネーを越えたあたりをとくに詳細に記述しており、巡礼体験の実感がこもっている。この本の筆者が実際に歩いたのは、ポワトゥ地方から発してランド、ガスコーニュを経てピレネーに達する最も西寄りの道であるようだが、しかし他の道筋も、旅をすればさまざまの体験をするはずであり、土地によってはその体験も当然異なったものとなろう。それゆえこの書に記されているような巡礼路の状況がすべてだとするわけにはゆかないであろう。しかしともかく彼の記録はあらゆる意味で貴重極まるものであり、十二世紀という時代の素顔を、生きた現実のものとして私たちに見せてくれるのである。

第二部の聖跡や聖人の説明は、中部および南部フランスの重要な聖地をいちおう網羅しているが、スペインの各地の聖地の説明が極めて簡単であるのが奇妙で、もちろん、北フランスや北欧、イタリヤ方面の説明はなにもない。サンティヤーゴへの巡礼は全欧的な規模をもち、しかも大小の巡礼地は全欧いたるところにあったはずである。巡礼たちは、道筋にある重要な聖地をつぎつぎと訪問しながらスペインをめざしたのである。いやたんに道筋にある聖地を訪うただけではない。ときには多少遠回りをしても訪うべき聖地を訪いながら最後にサンティヤーゴに辿り着こうとしたのである。

以上のようにこの『案内書』は統一性を欠いているにもかかわらず、興味のつきぬ内容をもち、読む者をサンティヤーゴ巡礼の最盛期であった十二世紀に導き、さらには巡礼者の一人のような気持にしてしまうのである。

この『案内書』は、世に出てからかなり利用されたらしく、数多く転写もされ、そのいくつかが今日に伝えられている。この時代はまだ羊皮紙に筆写という時代であり、私たちの時代のように案内書の大量印刷というわけにはゆかなかったが、さまざまな仕方で世の役に立ったのであろう。しかも私たちの知るかぎり、類本がないのである。十五世紀に入ってからの巡礼の紀行文は数種知られ、十七、十八世紀の紀行文もある。それらは、巡礼という行為が本質的に「中世的」であることから、十二世紀前後の古い時代の

図13　「キリスト降誕図」
プロヴァンスの聖地アルル、サン・トロフィーム旧大聖堂の南側回廊柱頭、12世紀

図14　路傍の十字架　カストロヘリース付近

巡礼を理解するために、それぞれ有用である。しかし十二世紀のこの『案内書』は、とびぬけて重要であり、それは、当時の人々のサンティヤーゴへの巡礼路についてのさまざまの知識を与えてくれるだけでなく、私たちがこの「中世」という世界を理解するための貴重な案内書でもあるのである。（『案内書』は巻末に全訳文を掲げる。）

旅立ちの意図

巡礼と称するものは、私たちの時代にもある。イスラーム教徒のメッカ巡礼、ヒンドゥ教徒のガンジス川聖地巡礼などはさておいても、キリスト教社会でも、ローマはもとより、ルルド、ファティマなど巡礼の大群集が絶え間なしに押し寄せる聖地は、私たちの時代にもいくつもある。

しかし今日の巡礼団は、大部分は自動車に乗り、列車に乗り、ときには航空機をも利用して、目的地に苦もなく到達する。しかしこれは真の意味での巡礼とはいいがたい。巡礼は旅の労苦をその本質とするものである。一種の苦行なのである。サンティヤーゴが地の果てにあるのは、そのゆえなのである。地の果てに行く長い旅路こそ、巡礼の名に最も値するものではないか。

苦行は、キリスト教的にいえば、一種の贖罪である。それは人祖以来の人類が宿命的に負う原罪を贖うという意味をもち、また個々人としては自己の罪の償いでもある。さらにキリストの苦難にあやかるという意味がある。別の見方をすれば、それは人間に困苦に耐えぬく力、そして生きる力そのものを与えるこ

図15　オータン、サン・ラザール大聖堂西正面の楣石彫刻、1130年頃
天を見上げる巡礼たちの頭陀袋に十字架と帆立貝が見える。

図16　「十字架とろうそくを持った修道士たち」
ピレネー山中の岩山の頂を占める
サン・マルタン・デュ・カニグー修道院回廊柱頭、11世紀とでもある。

キリスト教徒は古くから諸種の苦行を行ってきたが、巡礼はその一つであった。それが一種の苦行であり、罪の悔悛の業であるがゆえに、人々は徒歩で行くのを原則とした。貴族や富者の中には馬で行く者もいたが、彼らもまた時には苦行の意図をもって、途中で馬を降りて徒歩で行ったといわれる。中世末期以降には、大名行列的な巡礼団が見られた。一三八〇年にサンティヤーゴへ向かったナバーラ王子ドン・カルロスは、百名もの供を連れ、その供の中にはまた自分の従者を伴う者もいた。また一五三七年に聖地に赴いたペスカーラ侯妃は十六人の供を連れて行ったといわれる。こうなれば巡礼の意味はもはや薄らいでしまう。しかしこの種の大名行列は稀であり、しかも「大名」の中には、後からついて来る貧しい人たちに道中施しをしながら道を行く者もあった。

苦行としての巡礼は、ときには強制によるものであった。一一五〇年のクレルモン宗教会議は、放火を犯した者はイェルサレムまたはコンポステーラに巡礼し、それらの地に一年間滞在すべきことを決めている。盗み、暴力行為、姦淫、殺人など――そしてとくに教会に対してなされた破壊行為や異端の罪――については、その犯罪の度合に応じて巡礼の距離や困難さが考慮され、巡礼地が指示された。たとえば、十二、十三世紀に多く出たカタリ派やヴァルド派などの異端に対しては、コンポステーラ、ローマ、カンタベリ（聖トマス・ベケットの聖地）、ケルン（マギ三王の聖遺物をもつ大聖堂）への巡礼が課せられたという。殺人犯など重罪の者は、苦しみをいちだんと加えるために鎖（ときには使用した凶器を鋳造しなおして作った）、鉄丸、首輪などの刑具をつけて道を行くことを強いられ、ときには、鎖が汗などで錆びて自然に壊れたときに罪の償いが終ったことが認められたという。

しかし信仰者にとっては、苦行そのものは自発的行為であり、そしてそれは聖なる目的を達成するための手段にほかならぬ。聖地に赴き、聖遺物を拝し、これに触れるという喜びが、第一の目的だったことはいうまでもない。コンポステーラへの道にはいたるところに巡礼の聖地があり、巡礼たちは、日々巡礼を重ねてついに目的の大巡礼地に辿りつくのであった。

不治の病に苦しむ者は、治癒を願って巡礼に出た。あるいは治癒した者が感謝の意をこめて巡礼に出ることもあった。それぞれの病には、とくに祈るべき聖人、訪れるべき聖地があった。癩病人はとくに聖ラザルス（オータン大聖堂）に治癒を願った。彼らが道を行くときは一般の巡礼からは離れて歩き、泊まる場所も別であった。中世に流行した麦角熱の病人は聖アントニウス（サン・タントワーヌ・アン・ヴィエノワ修道院など）に祈願した。時によっては、コンポステーラ巡礼をすませた者の身につけた十字架が、病気を癒す奇蹟力をもった。『聖ヤコブスの書』には、プーリャ（南イタリヤ）の一戦士がこうして不治の病を癒されて、自らコンポステーラへの巡礼の旅に出たことを記している。

しかし巡礼は、他人がその代理を務めることもある。病その他の理由で本人が巡礼の旅に出られない場合、妻に代わって夫が、あるいは親に代わって子が巡礼することもある。あるいは、他人に金を支払って、代理の巡礼に出てもらうこともあった。

レ・ボー（南仏）のレイモンなる男は、生前に計画したサンティヤーゴへの巡礼が実行できなくなり、一三六七年に、「善意の人に巡礼を頼みかつ巡礼中に貧しい人たちに金貨二百フロリンを施してほしい」

図17　キリスト磔刑像
ブルゴーニュ派、12世紀、高さ155㎝
ルーヴル美術館蔵

図18　ブルゴーニュの寒村シャブリのサン・マルタン聖堂南入口の扉に巡礼たちが奉納した蹄鉄。その数は百を超える。

との遺言を書き残した。イギリスでウィリアム・ニューランドなる男が友人のトマス・ブラウンに金子を遺し、それを一人の男がローマとイェルサレムへの巡礼に、もう一人は裸足でカンタベリへの巡礼に、さらにもう一人はサンティヤーゴへの巡礼に行くそれぞれの費用に当てることを依頼したという。

南フランスのペルピニャンでは、一四八二年の大旱魃とペストの流行に当たって、教区民や市民がサンティヤーゴへ巡礼団を派遣したと伝えられる。

己の贖罪のため、さらに病の治癒のため、不幸を避けるため、貧しい人たちを救うため……聖地への巡礼の列は続いた。異国の風物や見事な聖堂などに対する好奇心もあったであろうし、巡礼をすることによって学ぶこともさまざまであったろう。ともかく苦難を乗り越えて目的を達し故郷に帰った者は、人々のなみなみならぬ讃美と尊敬の的となったのである。

図19 「エンマウスの巡礼たち」(キリスト自身が巡礼姿)
サント・ドミンゴ・デ・スィロス修道院回廊浮彫、12世紀初頭

旅立つ人々

巡礼は聖なる業である。それは今日の観光旅行と異なり、まず心の準備を必要としたのであった。他人の物を盗んだ者はそれを返しておかねばならなかった。借財も返済しておく必要があった。それだけではない。巡礼する者は貧しくあらねばならなかった。尊者ペトルス（クリュニー修道院長、一〇九四―一一五六）はその『奇蹟の書』で、一人の富裕な騎士が突然霊感を受けて、その財産をクリュニー修道院に寄進して貧しい人となり、しかる後イェルサレム巡礼の旅に出たことを記している。

この騎士は、聖地で死ぬことを願って旅に出たのだが、けっきょく生きて戻ってきたので、そのままクリュニーの修道士になったという。しかし、旅の途中で命を落とす者も稀ではなかった。多くの者は出発前に遺言を書いた。死んだ場合に葬るべき場所、葬儀の費用をどうするかなど、さまざまな指示がなされた。

要職に就いている者は、旅行の許可を得る必要があった。西南フランスのエムティエ（リムザン地方）の参事会の規則（一二九五）は、コンポステーラへ行く者に二ヶ月の許可を与えている。一三五一年のメッス大聖堂（東北フランス）の規約によると、サンティヤーゴへの巡礼は、一年に一度だけ十週間を限って参事会員に許可が出たらしい。メッスからサンティヤーゴまではかなり距離があり、十週間では徒歩による往復は無理であろう。聖職者は一般にらばに乗って旅をしたらしい。ちなみに、巡礼はどのくらいの速度で旅をしたかというと、普通一日三十〜四十キロメートルの行程であったと推定される。『案内書』（第二章）は、ピレネーのスィーズ峠（サン・ジャン・ピエ・ド・ポールの南西一五キロメートルの国境）からコンポステーラまでに宿駅を計十三挙げており、そのうちエステーリャ〜ナヘラ〜ブルゴスの二日間はとくに騎乗としている。しかしこの『案内書』の旅程だと平均して一日八十キロメートル前後の行程となり、実際に可能であったかどうか、疑問視されている。たしかに当時の人々はよく歩き、それに足も速かったのであろうが。

他方、コーモン（西南フランス）の領主ノパール二世の遺した一四一七年の巡礼記録（巻末に部分訳を掲げる）に詳記された里程によると、同じくピレネー越えからコンポステーラまでの宿駅は三十四あり、一日の行程は平均二十キロメートルほどである。

さて出発に当たって、所属教区の司祭や司教は巡礼に出る者に信者としての身許の証明書を与えた。後述するように、巡礼には悪意あるにせものが出て、本ものを欺いたり悪行を働くことがあったからである。

巡礼中は、旅の用品、宿泊や食事の支払い、関所や渡し舟の支払い、各地の聖地での喜捨など、種々の費用がかかった。すべてを施しに頼る場合は別として、かなりの旅費を準備せねばならなかったらしい。

図20　聖地に辿り着いた巡礼たち
フランス、ブルゴーニュの中世の町トゥルニュ西方、
寒村ブランスィヨンのロマネスク聖堂に残る壁画、14世紀初頭

図21　ナバーラの古都エステーリャの中央を貫く、エーガ川にかかる橋
両岸に残る幾つものロマネスク聖堂は当時の芸術の宝庫。

出発前に、巡礼のための設備に寄進する人もいた。一四三一年のこと、中部フランスのムランに住む大工の未亡人が、巡礼出発前にサン・ジャック救護院に財産を寄贈したことが知られている。

巡礼の服装はというと、十二世紀以降の聖堂の壁画、絵ガラス窓（ステンドグラス）、浮彫、写本画などに巡礼の姿が見られ、また聖ヤコブス像を巡礼のいでたちにしたものが多数残っているから、その詳細を知ることができる。十四世紀頃までは一般に男女とも長衣を腰紐で締め、男は縁のある帽子を、女は垂れ頭巾をかぶっていた。十五世紀になると男の衣は膝までになり、また肩には小さいマントを掛け、帽子はさらに大きくなって額の上で縁を折り上げた。長途を行く人たちが、雨風や寒さに対する工夫をいちだんとこらしたわけである。足には丈夫な革靴やサンダルの類を履いたが、裸足は特別な苦行者以外は稀であったとされる。しかし写本画などに出てくる巡礼には裸足の者が少なくなく、また今日でもイベリヤ半島の田舎では裸足で歩く者が珍しくないから、おそらく裸足の巡礼は稀ではなかったであろう。

しかし巡礼を巡礼たらしめるものは、長い杖と、旅嚢、そして帆立貝の印だった。杖は、下端に鉄の石突が付き、上端には一つまたは二つの突起のある二メートル近い木の棒で、歩くためだけでなく、犬や狼に対して身を守るためにも役立った。その上端には、水やぶどう酒を入れる瓢簞《ひょうたん》を結びつけた。たすきがけにぶら下げる旅嚢は、食物、通行証、身分証明書などを入れた革製のもので、そこに常に帆立貝の印がつけられていた。この印は帽子や胸にもつけられ、それが、サンティヤーゴへの巡礼を他の聖地への巡礼と区別するものであった。

帆立貝（これは今日でも「聖ヤコブスの貝」と呼ばれる）の由来は次のような伝説に基づくものである。ある高貴な家柄の騎士が、ガリスィヤの海岸を行く途中、急に馬が暴れだして海に飛び込んだ。騎士が聖ヤコブスに祈ったところ、馬は、海の上を歩いて岸に戻ることができたが、そのとき水から出た彼の体は貝殻で覆われていた……。

じつはこの貝殻はもともとサンティヤーゴ巡礼に限られたものではなく、すでに四世紀頃から一般の巡礼の象徴になっていたらしいが、サンティヤーゴの巡礼が盛んになってから、コンポステーラの商人たちがガリスィヤ海岸の貝で商売をはじめ、それがサンティヤーゴ巡礼の標識となったのである。そして、イェルサレム巡礼が椰子の枝を持って帰るのと同様に、巡礼はこのガリスィヤの尊い貝（コンカ・ヴェネラ）を持ち帰ったのである。しかしこの貝（帆立貝）のまがいものを売り出す悪徳商人も出たらしく、ローマ教皇たちは、サンティヤーゴ以外の土地で類似した貝を売った者を破門する権利をコンポステーラ大司教に与えている。さらにこの貝は、巡礼を成就した者だけでなく、コンポステーラへ出発する巡礼までが用いるようになり、金属製のものまでが作られた。またそれは、たんに巡礼が身につけるだけではない。巡礼路に沿った教会や民家の壁などに帆立貝が刻みつけられたものが今日でも時々見られるが、もちろんこれは巡礼と何らかの関係があったことを示すものである。

いよいよ出発となる前に、儀式が行われた。ミサが挙げられ、告解が行われ、旅嚢と巡礼杖に祝福が与えられた。集団の巡礼のためには特別にミサや祝福の行事があり、さて出発してしばらくは連禱を唱えつつ行列をした。

集団の旅は、個人の旅より危険が少なく、多くの巡礼は集団を作った。途中、しらぬ者同士が集団を作

図22　レオン西方70㎞足らずのフォンセバドンの村。
かつての巡礼路は棄てられているが故に、
今なおそのままの姿で生きている。

ることも普通であった。

貧しさを建て前とする巡礼だが、無一文の場合は施しに頼らなければならない。金が途中で尽きた者、盗賊に金を取られた者なども、托鉢の巡礼行となる。集団の巡礼が施しを受けるとき、彼らはしばしば、故郷の民謡を歌うなどして小さな奉仕をした。さらには数日間あるいは数週間一ヶ所に滞在して、労働によって金稼ぎをした。ぶどう畑での労働などがその例である。この種の季節労働をしながら長旅を続ける習慣は、今日でも学生などの間に伝わっている。巡礼はまた、時によっては道路工事や架橋の仕事あるいは聖堂や避難所の建築工事を手伝った。

所持金に余裕のある者は、道中、寄進や喜捨をするのだった。ボローニャ（イタリヤ）の司祭ドメニコ・ラッフィは、一六七〇年にサンティヤーゴおよびフィニステーレ（サンティヤーゴ西方の岬で「地の果て」の意）に巡礼に行った記録を残しているが、彼によると、オルビーゴ（レオンの西方の町）の救護院とアストルガ（やはりスペインの巡礼路にある）の間の住民は、非常に貧しいので、施しをしなければならなかったという。

旅中何よりも大切なのは水であった。『案内書』はその第六章で道中よい水のある地点や宿駅について、とくに詳しく述べている。ピレネーを越えてログローニョの宿駅にいたるまでには有毒の水が多く、それらに関する情報は、巡礼には何よりも有難いものであったろう。『案内書』はさらに各地方のパン、ぶどう酒、牛乳、魚、肉、果物などについて、その有無、その質の良否などを詳しく述べている。巡礼は苦行者であり、貧者であるべきだが、やはり異国に旅をすると、当然食事の楽しみもあったのであろう。とくに時代が下がるとその傾向があったらしく、前述の司祭ラッフィは、バディヤ・カステルラ（北イタリヤのトリーノ付近）では友人の画家とともに子羊の足肉一本分を貪り食い、良いモスカテルロ（ぶどう酒）を一壺四スーで飲んだこと、ミーニョ河畔（西北スペイン）で鰻に舌鼓を打ったことを記している。

さて宿泊はどうかということになるが、これは巡礼を受け入れる側から見ることにしよう。

巡礼を迎える人々

巡礼たちは、それぞれの土地において、道中あるいは宿駅で、どのように遇されたか。

彼らは、私たちの想像以上に温かい保護を受けていたようである。『案内書』（第七章）によると、収税吏はいかなる方法によっても巡礼たちから税を徴収してはならないことになっていた。一一一四年のレオンの宗教会議も「巡礼は、商人と同様に、スペインの各王国を自由に巡回することができ、何人といえども巡礼自身やその所有物に手をつけてはならない」ことを決めている。教会当局も修道院も各地の王侯も、一種の国際法的な規則を作って、巡礼に種々の特権と保護とを与えた。また各地方でも、それぞれ巡礼保護のため特別の法規を制定した。たとえば一二〇五年のトゥルーズ（南フランス）市条例は次のように具体的に決めている。「巡礼が宿に落ち着いたあと、宿主は晩課（日没時）まで宿を開けておかねばならぬ。巡礼に対して両替、売買の許可をもつ者に対しては宿主はこれを妨げてはならぬ。巡礼が動物（乗馬など）を買った最初の日に彼がだまされたことに気がついたときは、動物を返し代金を戻してもらうことができ

図23　巡礼を迎えるフォンセバドンの教会の鐘
——今はもう鳴ることもない。

図24 「群衆の顔」
ブルゴス北方、サンタ・マリーヤ・デ・スィオーネス教会の柱頭、12世紀後半

る。宿主は、盲目のあるいは疲労し切った動物を売ってはならぬし、売らせてもならない……。」巡礼に対する盗みは、とくに厳罰に処された。一一二三年のラテラーノの宗教会議は、巡礼に対して盗みを働いたものは破門をもって罰せられることを定めている。

巡礼は、巡礼が始まった最初のころは、沿道の教会の片隅や民家などに、そしてとくに修道院に泊めてもらった。しかししだいに巡礼のための特別の設備が整うようになり、いわゆるオスピタル（救護院）が発達した。その多くは修道院が経営するものであったが、司教、国王、領主などが宿駅に建てさせた例も多く、それらは巡礼や貧民を無料で宿泊させるものであった。さらに飲食を供し、必要に応じて衣類や履物類を与え、病人を手厚く看護し、死者を葬るなど、あらゆる世話をしたのであった。

民間の宿屋は十四世紀以降のものである。この場合は無料ではない。宿屋は商売ゆえ巡礼の世話は慈善ではない。しかも客をだまして金を巻き上げるというような悪評の高いものが多かった。

一般の家庭で巡礼を泊めることもよく行われたようである。『案内書』（第十一章）も書いている。「サンティヤーゴの巡礼たちは、貧しい人も裕福な人も、そこから帰る人も行く人も、あらゆる人から慈悲と尊敬をもって歓待されなければならぬ。なぜなら、彼らを快く迎え宿を提供する人は、聖ヤコブスを客とするだけでなく、我らが主その人（キリスト）を客とすることになるからだ。主は言い給う。『汝を受け入れる人は我を受け入れるなり』（「マテウス福音書」X、40）と。」同じ『案内書』（第十一章）は次の事件を記している。

「ポワティエでのことだが、その昔二人のフランス人の元気のいい巡礼がサンティヤーゴからの帰りに

図25　東ピレネー山中に11世紀に創建されたセラボーヌの聖堂。やがてアウグスティノ会の修道院となるが17世紀に荒廃、19世紀に部分的に修復されるが、山中の荒地にあるのでほとんど放置された。現在は、淡い桃色の大理石を用いた柱頭彫刻が見事に残り、12世紀の民衆の信仰心を伝える。

図26-29（右頁）　同聖堂の柱頭、12世紀中頃

図26	図27
図28	図29

図30（左）
西ピレネー北麓の町、
オロロン・サント・マリー遠景

図31（下）
柱を支える回教徒の囚人
オロロン・サント・マリー大聖堂正面、
中央柱の下部、12世紀

図32　「狩猟場面」　12世紀前半

ピレネー北麓やや西寄りの町レスカールはかつて司教座のあったところ。ピレネー越えを目指す巡礼たちで賑わったが、16世紀の宗教戦争でかなり破壊された。しかし内陣に残るこの床モザイックは12世紀の貴重な遺物、謎めいた狩猟の二場面の一つに義足をつけた猟師の姿がある。巡礼たちはこれを見て何を思ったか。

無一文になって、ジャン・ゴティエの家からサン・ポルシェール教会まで、神と聖ヤコブスへの愛のために一夜の宿を乞いつつ歩いた。しかしそれが見つからない。結局サン・ポルシェール教会を過ぎたあと、通りの最後の家で、彼らは一人の貧民に泊めてもらった。ところが神の懲罰が下り、夜になって激しい火災が起り、一晩でたちまち通りの家がすべて、つまり巡礼たちが最初に宿を頼んだその家に始まって、彼らを受け入れた家の所までが、すべて焼失したのだった。その数はほとんど千戸にも達した。ただし神の下僕たちを受け入れた家だけは神の恩寵によって難を免れた。」

巡礼が宿に着くと、家人はまず足を洗ってやった。長途に疲れた汚れた足、時には傷ついた足を、洗ってやった。修道院では、修道士や修道女が、謙虚な心を込めて巡礼の足を洗った。それはほとんど一種の儀式でもあった。福音書には、罪の女マリヤ・マグダレーナがキリストの足を洗って髪でそれを拭いたことが記されている（「ルカス福音書」Ⅶ、36～38、「ヨハンネス福音書」Ⅻ、1～3）。また、キリストも、受難の前夜に弟子たちの足を洗ったのである（「ヨハンネス福音書」ⅩⅢ、1～20）。この「キリストの洗足」は、古くから壁画や写本画にも描かれて見る者に謙譲と愛の徳を絶えず教え続けてきたし、今日でも聖木曜日には修道院で院長が身を屈めて修道士たちの足を洗う習慣が残っている。

トゥルネ（ベルギー）のなめし革屋ジャンなる男が一四八八年にサンティヤーゴへ巡礼したときの記録があるが、あるとき彼は連れと森の中に迷い込み、樵夫《きこり》の家に泊めてもらった。「私は、寝るのに毛ぶとんの寝台がないだろうかと懸命に頼んでみた。私たちはずぶ濡れになっていたからだ。樵夫は、あると言った。彼は、あり合わせのもので大変な御馳走をしてくれた。そして夕食のあと……私たちの休む寝台はどこにあるのかときくと……樵夫は熊手をとって二頭の牛のすぐ側に藁を運んだ……。彼は馬の寝藁を整えるかのように私たちの寝場所を作った……。そしてその上に赤い毛布を掛けた。それから私たちは、その毛布の上に横になった。そのあと樵夫は牛たちと私たちの間に飼葉桶を置いた。牛たちは夜中に飼葉桶から離れて、私たちの匂いを嗅ぎに来た。こうしてその夜は過ぎた。」

巡礼を温かく迎えるということは、考えようによっては、巡礼そのものにも比すべき聖なる務めであった。巡礼を迎える人々は、彼らの善業がやがていつか報われるものであることを信じていた。彼らは巡礼たちにコンポステーラに着いたら自分たちのために祈ってくれるよう頼むのであった。

救護の施設

『案内書』（第四章）は「世界の三大救護院」について次のように記している。「貧しい人たちを支えるために必要な柱が神によってこの世に建てられたが、その中でも主要なものが三つある。イェルサレムの救護院、モンス・ヨウィス（モン・ジュ）の救護院およびソンポール峠のサント・クリスティーナ救護院である。これらの救護院は、いずれも必要な場所に建てられたものである。それらは、聖なる巡礼たちを勇気づけ、貧しき人々の心を休め、病める人々を慰め、死者を救い、生者を助けるための、聖なる場所であり、神の家である。これらの聖なる家を建てた人たちは、何人であれ、神の王国を得ることは疑いないであろう。」

ここでモンス・ヨウィスというのは、アルプス越えの難所で、そこにグラン・サン・ベルナール（聖ベルナルドゥス）修道院（アウグスティノ修道会の経営）があり、旅人を助ける大犬がいるので有名なところである。ここの救護院に匹敵するのが中部ピレネー越えの難所ソンポール峠のサント・クリスティーナ救護院

図33　サアグン、巡礼者の聖堂、13世紀
一部にイスラームの影響の痕跡がある。
かつてフランシスコ派修道会に属していたが、現在は廃墟と化す。

（アウグスティノ修道会）で、ここは一一〇八年にベアルン公ガストン四世およびオロロンの司教が創設したものである。しかし一一三〇年頃にスペイン側のパンプローナ司教とナバール王アルフォンソによって創立され、同じくアウグスティノ修道会の経営する西ピレネーのロンセスバリェス救護院が、サント・クリスティーナ救護院に代わる重要性をもつようになった。ここはカロルス大帝麾下の英雄ロトランドゥス（ロラン）の戦ったゆかりの土地だからでもあろう。ここの修道院は、大型の聖堂、修道院施設、病院、巡礼宿舎および巡礼墓地から成り、当初は七十二人の司祭、修士、騎士、奉仕修道女たちを擁し、さらに篤志奉仕者たちがこれに加わっていたという。

ここの救護院と並んで世に知られたのが、中部フランスの山岳地帯、著名なル・ピュイの町の西南の難所オブラックの救護院であった。ここの創立には次のようないわれがある。フランドル子爵アダラルドゥスは、サンティヤーゴ巡礼の帰途賊に襲われたが奇蹟によって助かった。そこで巡礼が成就したあとオブラックに戻り、山の頂に堅固な壁をめぐらした救護院を造った。一一二〇年より少し前のことである。

ここもアウグスティノ修道会の経営で、その建物は二階建てであった。その一階は、小聖堂、修道士と騎士の寝室、一四の寝台が二列に並んだ大広間、調理室、洗面所から成り、二階は、貴婦人たちの寝室、不具者と病人のための独房八つ、さらに窓の二つある方形の部屋とから成っていた。救護院の東側に巡礼墓地がある。構成人員は、司祭十二人、修士十二人、婦人十二人、騎士十二人であった。騎士は賊や狼から巡礼を守り、婦人は巡礼の足を洗うなどの世話をし、修士たちが面倒を見た。十四世紀初めには、修士が百二十人おり、これに修道女たちと篤志奉仕者が加わった。十五世紀末にはこの救護院には一日五十人から百人が訪れたと推定されている。さらにこのオブラックの修道会は周辺の地域に十を越える救護院を設けた。

巡礼や貧民を助けるための救護院は、古くは六世紀から現れているが、十一世紀以降西ヨーロッパ各地に急速にその数を増した。サンティヤーゴへの巡礼路の救護院は、その一部をなすものであるが、巡礼の増加に比例してその救護院の活動も自ずから発展したのである。アウグスティノ修道会の活動はとくに目覚ましかったが、修道会はいずれの派を問わず、すべての旅人のための宿坊を備え、救護院的活動を行っていた。しかしそれらのうちでも、前述の諸修道院は、救護院を建てて巡礼を助けることを目的として創設されたのである。

しかし巡礼路で最大の活動をしたのは、クリュニー会であるといわれる。『案内書』のいうフランスの四本の道に沿って、またスペインの「フランスの道」に沿って、クリュニー派の重要な修道院が連鎖のごとくならんでいる。「それは偶然のことではない。十一世紀以降サンティヤーゴへの巡礼を組織化したのがクリュニーの偉大な修道院長たちだったということが、近ごろしだいに理解されてきた。スペインのキリスト教徒たちがモール人（北アフリカ渡来の回教徒）に対してきりのない十字軍活動を行うのを援助するための最も有効な手段であることを、彼ら修道院長たちは見てとったのである」（エミール・マール）。同様の活動はシトー会（一〇九八年創立）、プレモントレ会（一一二〇年創立）などによっても成された。しかしクリュニー派その他の活動は、教勢拡張にあるので、巡礼救護そのものを目的としたものではないのであろう。

巡礼たちに対しては、司教区や町村もそれぞれ責任をもった。たとえばブルゴスでは、中世末期には約

図34　クリュニー修道院聖堂、南翼廊の塔、12世紀初頭
西洋中世で最大の布教活動を行い、サンティヤーゴ巡礼でも重要な役割を演じた、クリュニー修道会の本拠である中仏ブルゴーニュのクリュニーの本院は、フランス革命で無用の長物として破壊されたが、南翼廊の塔だけは幸いに難を逃れた。高さ62 m。

三十の救護院が数えられたという。そのうちオスピタル・デル・レイ（現存）は、アルフォンソ八世の創設したものである。

サンティヤーゴへの巡礼は、さらにいくつかの特殊な修道会を誕生させた。その一つは、軍事的性格をもつ修道会である。東方におけると同様、スペインでも異教徒に対する戦いの使命感が、この種の修道会を生んだものである。たとえばサンティヤーゴ修道会、聖ヨハネ騎士会、救護院騎士会などがこれであった。

他方、十四世紀以降、巡礼の経験者たちによる会も組織された。聖ヤコブス兄弟会がこれである。とくに北フランスからフランドルにかけてこの会が活動した。この会員は貴賤を問わず巡礼を経験した在俗の人たちから成り、その資金は寄進、遺贈、会費その他をこれにあて、救護院を建て、巡礼や貧民の世話に当たった。パリのサン・ジャック救護院はとくに有名であった。一三六八年には、ここには年間一万六六九〇人の巡礼が泊まったが、寝台が四十あり、ひと晩の収容能力は六十人から八十人であったことが知られている。

巡礼路と聖堂

既述のように、巡礼はヨーロッパの全地域からサンティヤーゴへ向かった。その痕跡は、今日でもなお各地に残っている。パリのサン・セヴラン教会からソルボンヌ脇を経て南に通じる「サン．ジャック通り」(ジャックはヤコブスのフランス名)は、スペインへの巡礼で賑わった通りで、十三世紀以来の名である。イギリス、フランドル、北フランス方面からパリへ来た巡礼は、サン・ジャック救護院のあったサン・ドゥニ通りかまたはサン・マルタン通りを経て、サン・ジャック・ラ・ブゥシュリー教会(一七九七年に破壊され鐘塔のみ現存)へ寄って巡礼杖の祝福を受け、それからサン・ジャック通りを南下したという。ヨーロッパの他の町でも、聖ヤコブスの名を残している通りは少なくない。

また巡礼の救護院のあった場所で、救護院(オピタル、オスピタル……)の名をそのまま地名に止めている例もかなりある。ピレネー北側のロピタル・サン・ブレーズはその一例で、ここの聖堂(十二世紀)はイスラームの影響を強く示しているのがとくに興味深い。また、主要な巡礼路に沿って救護院や巡礼墓地の

図35

図36

図35　ロピタル・サン・ブレーズ、サン・ブレーズ聖堂、12世紀
図36　同聖堂の内部

ロピタルは巡礼のための救護院。今はピレネー西部の寒村に残る聖堂だが、かつては巡礼たちの重要な宿場の役を果たした。八本のアーチに支えられた鐘塔円蓋が注目され、イスラームの影響が認められる。

痕跡もある程度残っている。巡礼の通った舗装道（当時は舗装路は少なかった）や橋も、多少は残っている。しかし巡礼の盛時を思わせる最も顕著な痕跡は、いうまでもなく巡礼路沿いの聖堂や修道院である。

もちろん大小の巡礼聖堂は、ヨーロッパ全土にあるのだが、スペインに近づくに従って、サンティヤーゴの巡礼の数が増え、したがってサンティヤーゴ色が強まってゆく。行ってきた者と行く者との間に、さまざまな会話が交わされたであろう。帆立貝の印は、お互いの親愛の情をかき立てたであろう。

しかしこの巡礼色は、たんに人間だけではない。聖堂の建物そのものに、また聖堂を飾る彫刻などにまで、それが認められるのである。いわゆる「巡礼路様式」である。

この時代の建築にたずさわった者としては、基本的な設計を担当した者、現場の指導者、石工などがいた。修道院の場合は主として修道士たちがこれらを分担したであろうし、一般聖堂の場合は参事会員（カノニクス）、工匠（マギステル・オペリス）、石工などが働いたであろう。彼らの多くは、コンポステーラ巡礼の経験者であったろうし、建築設計や、装飾関係などについての知識の交換が行われたであろう。たとえばコンポステーラ大聖堂のいくつかの柱頭彫刻がコンク（中部フランス）の柱頭彫刻およびティンパヌム彫刻の一部と一致することについて、ジョルジュ・ガイヤール（ソルボンヌ大学教授）は、コンクの工人が巡礼に来て柱頭を奉納したという推定を下している。

巡礼路の大型聖堂の間には、たしかに種々の共通点がある。これは、トゥール（サン・マルタン）、リモージュ（サン・マルスィヤール）、コンク（サント・フォワ）、トゥルーズ（サン・セルナン）などフランスの大型巡礼聖堂（ただしトゥルーズおよびリモージュのものは現存せず）とコンポステーラのサンティヤーゴとの比較によっていえることである。まず、身廊の左右の側廊がそのまま伸びて翼廊をも囲み、さらに祭室を囲む周廊に繋がっていること、周廊の周辺に放射状小祭室が付き、また翼廊の東側にも小祭室が付くという原則が認められる。この構造のおかげで、巡礼たちは側廊から周廊をめぐりながら秩序正しく祭室を一周でき、また途中でいくつもの小祭室に立ち寄ることができるのである。また、側廊の上に階上廊が設けられ、それが翼廊に及んでいる。この階上廊のゆえに身廊左右のアーケードが上下二段の列をなすことになり、上段のアーケードが天井（穹窿）を直接に支える形となる。それゆえ窓の光は身廊には直接には射し込まず、身廊は暗い。それに対して、祭室の方は、翼廊交叉部につけられた採光塔によって必要な明るさを獲得している。このような明と暗の見事な空間構成は、聖堂に入る人々の心を祭室とくに祭壇に集中させる効果をもつ。

天井は半円筒型のいわゆる半円穹窿で、それを横断アーチが補強している。この形は、平天井の場合と違って高い印象を与えるが、事実、穹窿はいずれも極めて高い。とくにコンクでは身廊が幅六・八〇メートルあるのに対し、穹窿は床上二二・一〇メートルで、高さは幅の三・二五倍あり、極めて高い印象を与える。このような比率は、他に例がないであろう。このような高さを実現させるためにはかなりの技術的困難を伴ったであろうが、その視覚的効果は強烈である。

これらの見事な「巡礼路様式」の建築がどこで創造されたのか、フランスかスペインか、といった問題については議論があるが、おそらくフランスでしだいに完成されていった巡礼聖堂が、十一世紀後半にコンポステーラの道沿いの各地に「巡礼路様式」を開花させたのであろう。

図38

図37　中仏コンクのサント・フォワ聖堂内部
サンティヤーゴの聖堂との構造的繋がりが指摘されている。

図38　同聖堂入口上部の半円石左側中段に刻された「天国に入る人々」
12世紀前半。

図37

しかし、サンティャーゴ巡礼路の聖堂のすべてが、この様式を採ったのではない。聖堂建築の様式には、地域の特殊性（風土や建築材の質などが関連）、聖堂の種別（大聖堂、バシリカ、教区聖堂、修道院聖堂など）、修道院の場合はその芸術理念の相違（とくにシトー派は簡素を旨とする）などが関係し、非常な変化が見られる。

他方、この時代のフランスの聖堂芸術には、スペインから入り込んだイスラームの影響がさまざまの点で注目される。色変りの石材を組み合せたアーチや壁、多葉形アーチ、いわゆる「かんな屑型」持送り、クーファ体のアラビヤ文字の装飾的使用などがこれで、とくにブルゴーニュ、オーヴェルニュ、西南フランスなどにその例が多い。これは、直ちに巡礼の直接の影響によるとは言いがたいが、ピレネー南北の文化的交流に巡礼の果した役割を考えるとき、興味深い現象である。

図39　ル・ピュイ、ノートル・ダーム大聖堂回廊
ル・ピュイは丘の意。この丘の上に建てられた大聖堂は色違いの石材を巧みに組合わせ、その美しさは他に例がない。11世紀後半～12世紀。

図40　ル・ピュイ、ノートル・ダーム大聖堂入口の木彫扉に見える騎乗のマギたち、13世紀

フランスの聖地

サンティヤーゴへのフランスの巡礼路を四本あげ、主要な聖堂を列挙した『案内書』は、さらにいくつもの聖堂について詳記しているが、多くはそれぞれの聖堂の由緒および見るべきものについて客観的な記述をしているに止まり、それらについての著者自身の印象は――終点のサンティヤーゴ大聖堂について以外は――ほとんど記していない。つまりそれは、実際に行っての記録というよりは、情報を集めての記述なのであろう。ここで、今日残っている巡礼聖堂の代表的なものをいくつかあげ、著者の記録と結びつけて見よう。

まずブルゴーニュ地方である。ここには、フランスで最も感動的なロマネスク建築の一つであるヴェズレーの聖堂がある。『案内書』の著者は、これを第三の道の起点にあげ、そこに葬られている聖女マリヤ・マグダレーナの伝記とその遺骸がこの地にもたらされた由来を述べ、ここで聖女のおかげで多くの不具者や病人が癒されたことを述べている。

図41　ヴェズレーの丘遠景

図43

図42

図42/43　ヴェズレー、ラ・マドレーヌ修道院聖堂柱頭
「天に昇る貧者ラザロの魂」と「神秘の粉挽き」、12世紀前半
図44（左頁）　同修道院聖堂身廊

聖女がここに葬られたことについては、今日ではその歴史的真実は否定されている。それにもかかわらず、ヴェズレーの丘を見る者は、誰もがこの地が本質的に聖域としての性格を備えていることを感じないわけにはゆかない。加うるに、丘の頂を占める聖堂、その建築空間や彫刻のすばらしさは、縁起が虚構であるか否かの問題をほとんど無意味にしてしまう。かつての巡礼たちの眼前に存在したこの建物や彫刻が、彼らにとって奇蹟を呼び起すほどの力をもつものであったことは、私たちにも理解は困難ではない。

ブルゴーニュ南方の中央山岳地帯では、『案内書』が第二の道の起点としているル・ピュイをまずあげなければならぬ。この町については『案内書』はとくに説明していないが、ここがフランス有数の聖地であることは歴史をしらずとも、訪れればわかることである。ル・ピュイとは丘を意味するが、町の中央の広場から古い石畳の道を上ると自ずから大聖堂前の階段に達し、眼の前に華麗なファサードが西空を向いて聳え立っている。建物は丘の斜面を利用しているので、いわばピロティ（脚柱群）の上に載っている形である。かつて巡礼は、身廊の床下のトンネル風の通路を通り、じかに主祭壇の前に出（これを「へそから入る」といった）、著名な「黒い聖母」（フランス革命で破壊された）を拝したのである。聖堂内にはまた「熱病の石」があり、熱病人がこの上で寝ると奇蹟的に治るとして、これも多数の民衆を集めた。この石はじつはドルメンであり、ケルト時代以来の巨石信仰がそのままキリスト教時代に伝わったものにほかならぬ。

この町には巨石信仰に繋がるもう一つの興味ある聖堂がある。ノートル・ダーム大聖堂の北方に孤立する垂直の岩峰の上に載るサン・ミシェル・デギュイーユ（針の聖ミカエル）と呼ばれる小聖堂である。この高さ八〇メートルの奇岩は、キリスト教時代に入る前から伝説と信仰を生んできたのであるが、キリスト

図45　ル・ピュイ、サン・ミシェル・デギュイーユ小聖堂、11世紀末
この岩山に幾つもの洞穴が掘られて隠修士の修行の場となった。

図46（次頁以下）　同聖堂正面入口の上部
（「神の仔羊を拝む黙示録の長老たち」など）

教時代になって聖ミカエルに捧げられたのは、この大天使が天を飛ぶ守護の天使だったからである。ここはおそらく初期には隠修士が頂上に籠った場所であったろう。現存の聖堂は、十世紀の小聖堂を十二世紀に拡張したもので、入口のアラブ風の三葉形アーチが注目される。この種の多葉形のアーチは、大聖堂でもいたるところに見られるが、さらに大聖堂にはアラブの文字を刻んだ扉（十三世紀）まである。記録に残る最古のサンティヤーゴ巡礼（九五一年）が、ル・ピュイ司教ゴデスカルクであったことが思い出される。

ル・ピュイから西南に向かい、難所オブラックを過ぎ、コンクに達する。『案内書』は聖女フィデス（フランス名フォワ）の伝記を述べ、この聖地で御利益が多いことを述べている。ここで解せないのは、聖地コンクの魂ともいうべき聖女フィデス遺物像についての記述が全くないことである。この像は、時代の有為転変を越えて今日もなお奇蹟的に保存され、かつての巡礼盛んなりし時代の神秘の姿をそのまま私たちに見せてくれるのである。山奥の小さい村にあるこの修道院聖堂が、村に全く不釣合な壮大な建物であることは、やはり聖女の名声が広域に拡がり、多数の巡礼がこの聖域に雲集したことを証するものである。彼らは聖女フィデスの遺物像に祈ったあと、入口上部に刻まれた「最後の審判」の場面を見上げ、天国と地獄を現実のものとして胸に刻みこみながら、西方へと山を下って行ったのであろう。

コンクから西方二日行程で巡礼はロカマドゥールに達する。『案内書』にはでてこないが、ここは切り立つ岸壁を背景にした著名な巡礼地で、ここのノートル・ダーム聖堂の「黒い聖母」が多数の巡礼を集めたのである。今日も、この聖母の前には、蠟燭の光が絶えない。

図47　コンク、聖女フィデスの遺物器像

聖女フィデスは、伝えによれば290年ごろ南仏アジェンで生れ303年に12歳で殉教したという。その後彼女の遺骨が中仏のコンクに移され、サンティヤーゴの巡礼たち、とくに回教徒と戦う騎士たちの守護者とされた。コンクの聖堂に保存される像は、彼女の遺物を納めた木箱を蔽う金や宝石、真珠などで燦然と輝く10世紀の貴重な作品。但し頭部は古代ローマの作を再使用したものという。坐高85㎝。

図48　モワサック、サン・ピエール旧修道院聖堂回廊、12世紀
巡礼路の最も見事な回廊の一つ。

図49　「預言者エレミヤ」
モワサック、サン・ピエール旧修道院聖堂南扉口中央柱の浮彫、12世紀初頭

ここから西南に下れば、『案内書』が第二の道の聖地にあげているモワサックに至る。ここの修道院は、その規模といい装飾といい南フランスでもっとも見事な回廊をもち、ロマネスク彫刻として代表的な傑作とされる大彫刻群を入口にもつので、今日あまりにも有名である。しかし『案内書』はこの聖地について解説を加えず、またこの修道院が、とくに巡礼を集めた聖遺物や礼拝像をもったという記録はない。

聖遺物を豊かにもち巡礼を多数集めたのは、むしろ近くのトゥルーズのサン・セルナン聖堂で、『案内書』も聖サトゥルニヌスの殉教について説明しており、この聖堂は今日もなお、サンティヤーゴ大聖堂に匹敵する威容を誇っている。

第三章

ガリスィヤを目指して

ピレネーを越えて

『案内書』が記述するフランスの聖地は、他にも数多くある。パリ方面からの道では、オルレアン（サント・クロワ聖堂に「真の十字架」の木片と聖エウルキウスの聖杯がある）、トゥール（聖マルティヌスの聖地）、ポワティエ（聖ヒラリウスの聖地）、アンジェリ（洗礼者聖ヨハンネスの首）を経て、サントが聖エウトロピウスの聖地としてとくに詳しく説明され、さらにブラーユ（聖ロマヌスおよび福者ロトランドゥス）、ボルドー（聖セヴェリウス）を経てピレネーに入る。ヴェズレーからの道では、そのまま町名となった聖レオナルドゥス（サン・レオナール）の説明が詳しく、次いでペリグー（聖フロントニウス）を経て、パリおよびル・ピュイの道とピレネー山麓で合し、スィーズの峠にさしかかる。南フランスの道は、アルルにあるいくつもの聖地を巡ったあと、サン・ジル（聖エギディウス）、サン・ギレーム（聖グィリエルムス）とこれも聖人の名をそのまま町の名として残している聖地を過ぎ、トゥルーズを経て、ソンポールの峠にさしかかる。

ピレネーは恐ろしい山岳地帯である。夏なお雪が残り、狼が出没する。山は深い。ロンセスバリェスの

図50　プエンテ・ラ・レイナ、「王妃橋」橋上

救護院が創設されたときの文書にもいう。「何千という巡礼が命を落とした。ある者は吹雪に道を失って、他のさらに多数の者は凶暴な狼に食われて。」修道士たちは、日暮になると、そして吹雪の日も、巡礼たちのために鐘を鳴らした。二キロメートル手前のイバニェータ峠にあるサン・サルバドール隠修堂では、隠修士は迷った旅人たちのために日暮から真夜中まで鐘を鳴らし続けた。山奥の難所、たとえば中部フランスのオブラックでも、吹雪や霧の日など、修道士は規則的な間隔で鐘を鳴らし、巡礼たちを救った。

ピレネー越えについて『案内書』は記している。「その山地を越えるには、上りが八ミリアリヤ（古代ローマの里程、一ミリアリウスは千歩ゆえ、約十二キロメートル）、そして下りも同じほどある。確かにこの山は高くて、天に届くかと思われるほどである。この山の上に登る者は、自分の手で天に触れることができると思うほどだ。……この山の頂にはカロルスの十字架と呼ばれる地点がある。というのはかつてカロルス大帝（シャルルマーニュ）が軍勢を率いてスペインへ進攻したとき、斧や鶴嘴《つるはし》の類などを用いて通路を切り拓き、次いで先ず象徴的に主の十字架を立て、しかるのち膝をついてガリスィヤの方を向き、神と聖ヤコブスとに祈りを捧げたその場所がここなのである。そこで巡礼たちがこの地点に辿り着くと、彼らはサンティヤーゴの地の方を向いて膝をつき祈りを捧げ、それぞれが十字架を楯のように突き立てる習慣がある。そこには千本をも数える十字架が見られる。」

しかし目指すガリスィヤまでは、道はなお長い。多くの巡礼にとっては、道程はまだやっと半分である。しかもこれから先は、イスラーム教徒の脅威にも曝されている不安な地域である。ピレネーの北とは違った荒々しい大地が拡がり、地平線の彼方へと未知の道が続いている。

この時代の道は必ずしもよくはなかった。ヨーロッパの道路網は、ローマ時代にすでに完成したのだが、その時代の道は、ほとんど役に立たなくなっていた。今日でも多少は残っている舗石を敷きつめた古代の道は、ゲルマン人の侵入でひどく荒らされていたし、たとえ残っていたとしても、中世の民衆には役立たぬものだった。舗装路は、重装備の古代の軍隊の移動などには適していたろうが、長旅の歩行者には硬くて疲れやすい。それに、古代ローマの道は都市と都市とを最短距離で結ぶ戦術的政治的道路である。しかし巡礼の行く先は都市とは限らず、山奥にも谷間にも森の中にもある。サンティヤーゴの巡礼路がローマ時代の道と合致するとしてもそれは偶然にすぎなかった。巡礼はしばしば脇道に入り、遠回りをする。巡礼路は最終目的地へ行くための最短路ではなかった。巡礼の旅は、商人や軍人の旅ではない。祈りの旅であった。

道はしばしば悪路であった。雨が降ると泥道になる所が多かった。大雨があると道や橋はよく流された。道を直し橋を懸けなおす必要は絶えなかった。土地の人も巡礼も、そのために働いた。そういった労働をすることそのことが、聖なる行為なのであった。

ピレネーを下ってナバーラの国を横ぎり、ログローニョからブルゴスに向かう途中に、サント・ドミンゴ・デ・ラ・カルサーダという小さい町がある。ここはもとは悪路を除いてはほとんど何もなかった場所である。ドミニクスという一人の隠修士がここへ来て悪路に手を入れた。道が壊れるたびに修復した。彼は結局そこに居を定めて道を修復し続け、橋を架け、救護院を設けた。一一〇九年に彼は死に、直ちに聖号を贈られた。その土地は「道路の聖ドミニクス」(スペイン流にいえばサント・ドミンゴ・デ・ラ・カルサーダ)

図51　ピレネー山中の古蹟ロンセスバリェスの外れに残された巡礼の十字架、15～16世紀頃のものか。

図52 「戦うロトランドゥス」
エステーリャ、サン・ペドロ・デ・ラ・ルア聖堂、回廊柱頭
12世紀末〜13世紀

と呼ばれるようになった。彼の墓の上に聖堂が建てられ、巡礼が集まり、町ができ、聖堂は大聖堂になった。そのあと、彼の聖業に倣う者が多く出た。

巡礼の通った当時の橋は、今日もなおいくつか残っている。ピレネーの北側ではオルテスの橋（十三世紀）が有名だが、最も代表的なものはピレネーを下ってパンプローナを過ぎた次の宿駅のプエンテ・ラ・レイナの橋である。この町は、ソンポール峠越えの道との合流点でもあり、ピレネーの北からの巡礼がほとんどすべてここに集まる重要な宿駅であるが、今日もなおその見事な姿をアルガ川に映している橋は、十一世紀に一人の王妃が巡礼のために寄進したものとされる。「王妃橋」という橋の名がそのまま町そのものの名になったのである。

橋は巡礼にとって極めて大事なものであったようで、とくに南フランス（ローヌ川地域）ではフラテレス・ポンティフィケス（架橋修道士）の会が十二世紀に結成されて、組織的に架橋の活動をしたほどである。

図53　プエンテ・ラ・レイナの「王妃橋」

苦難の旅路

巡礼が迷いやすい道を行くときは、修道院や救護院が奉仕の道案内人をつけることもあり、また騾馬などを貸すこともあった。

路銀の余裕のある者は、職業的な案内人を雇うこともあった。しかし偽の案内人もいて、巡礼を森の奥に連れ込み、殺して有り金を奪うような悪事を働いた。狼よりもさらに油断ならないのは腹黒い人間であった。

イギリスの編年史家ホヴデンのロゲリウス（一一七四頃―一二〇一）によると、ガスコーニュ（南フランス）の一領主は領地内を通るコンポステーラへの巡礼や旅人の持ち物を略奪するのを常としたので、イングランド王リカルドゥス（英名リチャード、在位一一八九―九九）――当時アキテーヌ公でもあった――は兵を出して領主を捕え、これを絞首刑にしたという。他方ナバーラの文書によると、巡礼路を荒らす悪人には、土地の人よりはイギリス人の方が数が多かったという。また海路北欧からガリスィヤへ向かう者は、イギ

図54 「魔女を懲らしめる聖ジュリヤーナ」
ブルゴス北方のサンタ・マリーヤ・デ・スィオーネス教会、
南翼廊壁の浮彫、12世紀後半

図55　「エンマウスの巡礼たち」
ピレネーのソンポール峠近くの村、サント・グラースの聖堂入口の柱頭、12世紀

リス近海でしばしば海賊に襲われたらしい。十二世紀中頃までは、ガリスィヤ近海ではアラブ系の海賊船が出没したので海路の巡礼は危険視された。

巡礼路の悪人たちはしだいに狡猾になり、帆立貝の印を衣につけてサンティヤーゴ巡礼になりすまし、巡礼たちを安心させ、隙を見ては強盗に早変りした。この種の盗賊をコキヤール（貝殻組）と呼ぶが、十四世紀にブルゴーニュではそれが強盗団として組織化され、少なくとも五百人の仲間がいた。

巡礼路には盗賊以外にも巡礼を食い物にするあらゆる悪人がいる。『案内書』は、これについていくつもの情報を提供している。サン・ジャン・ド・ソルド（ピレネー北麓、現名ソルド・アベイ）付近には流れが二つあり、どうしても渡し舟を使わなければならない。ところがここの渡し守は、川幅が狭いのに渡し賃を多額にとり、あるいは、小さい丸木舟に客を過度に乗せて舟を転覆させて溺死者の持ち物を巻き上げる……。

恐ろしい関守もいる。やはりピレネー北側のオスタバ、サン・ジャンおよびサン・ミシェル・ピエ・ド・ポールでは、関守たちが棒をもってやってきて不当な額の関銭を要求し、断ると棒でなぐり、下着の中まで探る有様である。商人以外からは関銭を取ってはならぬことになっているのに、巡礼や旅人からも取り立てる。物品に税を課するときも、定額の二倍を取り立てる。このような関守や、関守から金を受け取るアラゴン王や他の金持連中、そして彼らが悪人であることを知りながら、彼らに秘蹟を授け、彼らのためにミサを捧げ、彼らを教会に迎え入れたりする司祭たちも、皆破門の裁定を下されるがいい……。憤りの調子でかくいう『案内書』の著者は、おそらく自分も手痛い被害を蒙ったのであろう。

ほとんどすべての巡礼がピレネーあたりで悪徳関守に悩まされたらしい。一四八八年に巡礼をしたトゥルネのなめし革屋ジャンによると、サン・ジャン・ピエ・ド・ポールでは、巡礼や旅人のもっている金貨一枚一枚に課税するが、所持金貨を申告させたあと身体検査をし、一枚でも違っていると関守は所持金を全部没収したという。

ボローニャの司祭ラッフィの一六七〇年の記録によると、ロンセスバリェス付近の関守は、旅人が逆らいでもしようものなら、ひどい扱いをし、棒で頭を割り、殺して激流の中に放り込むことまでした、という。ピレネーは天険の難所である以上に人険の難所であったようだ。

宿に着くとこれまた油断がならなかった。もちろん修道院や救護院では、気を楽にして夜を過ごせただろうが、一般の民家や宿屋では必ずしも気を許せなかった。『案内書』は、巡礼の宿泊を断った家々が軒並みに燃えたというポワティエの話以外にも、ナンテュア（ジュネーヴからリヨンへ行く途中の町）の織物師が、サンティヤーゴへの巡礼にパンを恵むのを断ったらその瞬間に布が床に落ちて半分に裂けたとか、ヴィルヌーヴ（この町名は多数あるがコンク西南の町か）では、パンを焼いていた女が巡礼にパンをやらなかったらパンが石になってしまった、などと記している。これらの話は、いずれも奇蹟めいているが、巡礼に対する悪事についての奇蹟の話として最も有名なものは、「絞首刑の男が生きていた話」で、これは『聖ヤコブスの書』にも見える。ドイツから来た巡礼の親子が泊まった宿の主人が悪人で、旅人の荷物の中に銀杯を隠し、彼らが盗んだと訴え出る。親子は捕われ、子は父を助けるために進んで絞首刑に処される。三十六日経って父が巡礼から戻ってみると子供は生きていた。「聖ヤコブスが私を支えていてくださった」との

図56　サント・ドミンゴ・デ・ラ・カルサーダ旧大聖堂内の鶏舎
「絞首刑の男が生きていた話」の伝説にあやかって二羽の鶏が今なお飼われている。巻末に付した訳文（305頁以下）参照。

こと、結局、事が露顕して宿の主人が絞首刑となる。この物語の起源はサンティヤーゴ巡礼以前に遡るらしく、また多少内容の変化した話も伝わっている。

他方もっと現実的な悪徳も報告されている。宿屋がぶどう酒を水増ししたとか、酒樽を二重底にして味見のぶどう酒と違う安物を出したとか、山羊の脂の蠟燭を売ったとか、量目をごまかしたとか、客に売春の女を押し付けたとか……。こういう悪徳商人は、いつの時代でも変らぬものらしい。そしてそういった悪者たちに対しても、早くから手が打たれていた。サンティヤーゴ初代大司教ディエゴ・ヘルミレスは、すでに一一一三年に、食糧品や馬の販売価格を定め、量目のごまかしを厳しく取り締まった。その後も教会当局や施政者は、この種の取締りを続けて巡礼保護に努力したようである。

ブルゴスまで

道中さまざまの苦難に遭い、またそれを上回る善意の人々の温かい心に守られ励まされながら、巡礼はコンポステーラへ歩みを進めてゆく。

南フランスの道を経てソンポール越えをする者は、ボルス（峠の北麓）を出て峠を過ぎハーカに泊まり、ついでモンレアルを経てプエンテ・ラ・レイナに至る――と『案内書』は記している。

スペイン側の最初の宿駅ハーカは、ローマ時代以来の歴史をもち、イスラーム社会との闘争と交易の場となり、十一世紀には商業とサンティヤーゴ巡礼で栄え、とくにソンポール越えの関税で潤った町である。スペイン最初のロマネスク建築といわれる大聖堂を訪れた巡礼は、今日も残る十一世紀の柱頭彫刻や西入口のティンパヌム（半円壁）の彫刻を見たわけであるが、おそらく彼らを感動させるほどの重要な聖遺物はここにはなかったのであろう。むしろ女たちまでが果敢にモール人たちに抗戦したという八世紀の戦いの物語に熱心に耳を傾けたであろう。

図 57

図 58

図 57/58
「最後の晩餐」(部分)と
「ヨセフの夢に現れた天使」
サン・フワン・デ・ラ・ペーニャ修道院、
回廊柱頭、12世紀

図 59 (左頁)
大岩壁下の同修道院聖堂と回廊

ハーカ西南方に拡がる丘陵地帯の森に隠れた礫岩の絶壁の蔭に潜むサン・フワン・デ・ラ・ペーニャ（岩の聖ヨハンネス）は、巡礼路から少し外れてはいるが、おそらくかなりの巡礼に寄り道をさせたことであろう。最初はこの岩蔭の洞窟に隠修士が籠っていたというが、イスラーム教徒の圧迫から逃れたキリスト教徒たちがここに身を隠したこともあり、十一世紀以降、クリュニー修道院として発展し、二層の聖堂、回廊その他の建物が整った。今は人影もない廃墟だが、岩蔭に中世の気がなお漂っている感じである。

『案内書』によればハーカの次の宿駅はモンレアルだが、そこまでは九〇キロメートル近くあり、馬でも使わなければとうてい行けない距離である。おそらくその間に宿駅は一つ二つはあったはずである。そしてその一つはサングエサであったに違いない。この町はアラゴン川に架せられた橋のおかげで十二世紀に急速に発達し、やがて教会が六つを数え、多数の修道会が創立され、巡礼のための救護院は十三に達したという。しかし今日では片田舎の小さな町にすぎない。かつてここに全ヨーロッパからの——そしてとくに南フランスやイタリヤ方面からの——巡礼が多数集まったということは、想像しにくいことである。しかしこの町に不相応なほど見事なサンタ・マリーヤ・ラ・レアル聖堂を訪れると、過ぎし日の巡礼たちのざわめきがきこえる思いがする。「最後の審判」を中心として一面に彫刻に飾られたそのファサードは、北フランスとの関係（円柱人像）や北欧伝説の図像なども指摘されているが、北イタリヤの影響も濃厚で、全欧的な文化がここに流れこんできたことを推測させる。

さらに西行すればプエンテ・ラ・レイナに着くが、ここは、ロンセスバリェスからの道が合流する地点である。町の名となったここの橋は、巡礼盛んなりしころは、既述のように連日二千人もの巡礼が渡った

図60 サングエサ、サンタ・マリーヤ・ラ・レアル聖堂の南正面、12世紀

この聖堂はナバーラの代表的ロマネスク建築の一つ。南入口は「栄光のキリスト」を中心として、四福音史家、使徒、預言者など（図62も参照）を表し、周辺の彫刻と共に壮大な図像構成を示している。

図61　サングエサ、サンタ・マリーヤ・ラ・レアル聖堂の南入口に見えるアーチ彫刻の一部。右手には蛇と蛙に乳を含ませる淫楽の女。

図62　同聖堂の南入口上部の彫刻群
中央はキリストと四福音史家の象徴、周囲に預言者と使徒たち。

のである。その賑わいは今は静けさに変り、町の古きたたずまいは九世紀後もなおひそやかに残っている。塔がひときわ目立つサンティヤーゴ教会の入口は、十二世紀当時のまま、人を迎えてくれる。同時代のエル・クルスィフィーホ小聖堂と救護院の名残りが、過ぎし日々の物語をしてくれる。

次の宿駅は、『案内書』が水の良さを特筆したエステーリャである。ここは今日でも中世の町で、著名なカーレ・デ・ラ・ルア（巡礼路通り）沿いにかつては聖堂、救護院、宿屋などが軒を連ねていた。救癩院もあった。今でもサン・ペドロ・デ・ラ・ルアその他の見事な聖堂以外に十二世紀の「王宮」が残り、また古い民家も多い。

次の宿駅ログローニョへの途中、左手にトーレス・デル・リオ（川の塔）といわれる小部落がある。ひときわ高く村の教会が見えるが、それよりも、村の右寄りに民家に囲まれて見える小聖堂が、巡礼の時代の貴重な遺産である。サント・セプルクロ（聖墓）と呼ばれるこの建物は、その名の示すようにイェルサレムの聖墓教会を模したものとも聖墓修道会が建てたものともいわれるが、プエンテ・ラ・レイナ付近にあるエウナーテの聖堂とともに墓地聖堂であることが認められている。八角形のプランを覆う支骨付円蓋（明らかにイスラーム風）の上に、さらに「死者の燈火」の塔が載り、脇につけられた円塔の螺旋階段から上れるようになっている。エウナーテの聖堂の墓地からは巡礼が身につけた帆立貝も発見されており、トーレス・デル・リオの墓地聖堂も、路上で倒れた巡礼を葬るためのものであったろう。葬儀のあった夜には、建物の頂には燈火がともされたのであろう。

ログローニョから、道はいよいよ広大なカスティーリャの平原に入ってゆく。宿駅ナヘラから西南の脇

図63　エウナーテの墓地聖堂
八角形の平面構造の聖堂周囲に回廊が残る。12世紀後半。

図64

図65

図66（左頁）
エステーリャ、
サン・ミゲール・アルカンヘル聖堂北入口
12世紀後半

図64
「栄光のキリスト」
同聖堂入口上部、ティンパヌムの中央

図65
「聖ペトルスの逆さ磔刑像」
同聖堂入口上部、アーチの部分

道に入ると、二千メートルを越える高峰サン・ロレンソが見え、山麓にサン・ミリヤン・デ・コゴーリャ修道院がある。ここは六世紀の隠修士聖アエミリヤヌス（スペイン名ミリヤン）が籠った聖地で、彼に関してはさまざまな奇蹟が伝えられ、彼を慕って多くの巡礼が集まったところだ。上（スーソ）と下（ユーソ）の二聖堂があるうち、上の聖堂が十世紀末のモサラベ様式を保って古く、馬蹄形のアーチがイスラーム美術との繋がりを感じさせる。

再びカミーノ・フランセス（フランスの道）に戻るとすぐサント・ドミンゴ・デ・ラ・カルサーダに着く。『案内書』は、スペインに入ってからの訪問すべき聖地として、コンポステーラまで三ヶ所しかあげていないが、その一つが、すでに述べた道路造りの聖人ゆかりのこの地で、今日残る旧大聖堂は、祭室が十二世紀の巡礼の時代のものである。

図67　サント・ドミンゴ・デ・ラ・カルサーダ旧大聖堂正面
12世紀の建物だが正面は18世紀に改造（図56も参照）。

大平原の道

カスティーリャ・ビエーハの都、コンポステーラの道の中間点のブルゴスは、一方では政治都市としての華やかな歴史を担い、他方では巡礼たちの雑踏する庶民の町であった。町の象徴ともいうべきサンタ・マリーヤ大聖堂は、一二二一年に着工された壮大なゴシック建築で、王侯貴族の思い出には満ちているが、巡礼の時代を思い出させるものはほとんどない。他の数多い宗教建築もそれぞれ中世の雰囲気を伝えてはいるが、それも支配者の栄華の余韻を残すだけで、民衆の息吹きはほとんど消えてしまった。

中世末期に三十をも数えたという救護院は大半その姿を消し、西の郊外のラス・ウエルガス修道院（シトー派）の近くのオスピタル・デル・レイ（王の救護院）が残る程度である。これは十二世紀にアルフォンソ八世が創立したもので、「そこで夜を過ごしたい者のために寝台が足りぬということは決してなく、心温かい男女が病人たちを死に至るまであるいは回復するまで世話し、救護院はあらゆる慈愛の行為を鏡のように写していた」といわれる。しかし十六世紀にカロルス一世（カール五世、一五〇〇―五八）が改築した

図68　ブルゴス、サンタ・マリーヤ大聖堂内部、16世紀

ので当初の俤はなく、華麗なプラテレスコ様式の装飾が、巡礼の精神と何か逆行したものを感じさせる。

もう少し純粋な中世――しかも生きている中世――に接したければ、巡礼路からかなり南に外れるが、サント・ドミンゴ・デ・スィロス修道院を訪れなければならない。ここは聖ドミニクス（ドミンゴ）ゆかりのベネディクト派修道院で、彼は一〇四七―七三年にここの院長を勤め、イスラーム教徒に捕われた多くのキリスト教徒を救ったと伝えられる。この修道院の回廊は、ひからびたカスティーリャの平原の中に隠された小楽園とも見える美しい別天地で、ロマネスク彫刻がとくに見事だが、浮彫の「エンマウスの巡礼」の場面に出てくるキリストが、肩から下げた旅嚢に帆立貝の印をつけてサンティヤーゴ巡礼の姿をしているのが興味深い。

ブルゴスから西への道は、フロミスタ、サアグンを経てレオンに向かう。昔は巡礼で賑わったこの道は、今はそのほとんどが国道から離れた淋しい田舎道で、雨が降ると泥道と化する所もある。『案内書』には、途上聖ファクンドゥスと聖プリミティウスの聖遺骸を訪うべしとある。その町はサアグンで、町名は聖ファクンドゥス（サンクト・ファクンド）その人の名にほかならぬ。この二聖人はローマの軍人で、この地で殉教し、その墓の上に聖堂が建てられたが、イスラームの侵入者によって破壊された。後にクリュニー修道院が設けられ、レオン地方で重きを成しただけでなく、スペインで最も裕福な修道院であったというが、今は廃墟と化し、捨てられたような田舎町に同時代のロマネスクの聖堂がいくつか残っている。この地方は石材に乏しく、建物はほとんど煉瓦造りで、異様な雰囲気が町に漂っている。

次の宿駅レオンは、かつてのレオン王国の都、さすがに堂々たる都会である。町を支配する巨大な大聖

図69　キンタニーリャ・デ・ラス・ビーニャス付近の曠野（図76も参照）

図70　サント・ドミンゴ・デ・スィロス修道院回廊

図71　聖パウルス像
レオン、サン・イスィドーロ聖堂南側東入口、12世紀

堂は、北フランスのゴシック聖堂と見まごうばかりである。しかし『案内書』も言うように、巡礼たちはむしろ、スペインの生んだ大学者イスィドルス（五六〇頃―六三六）の聖遺骸を訪うたにちがいない。今日もよく保存されているサン・イスィドーロ教会である。この建物は王宮とも深い関係があり、その前室はいわゆるパンテオン・デ・ロス・レイエス（王廟）で、ここには王室関係の墓が四十余り残っている。これは教会に対する王室の厚い庇護をも示すものであり、聖堂や付属の建物、宝物などの華やかなゆえんが理解される。とくに目立つのは、パンテオンの穹窿面に広く描かれた壁画で、ロマネスク特有ののびやかな庶民的な感覚を十分味わうことができる。さらに多数の柱頭彫刻、聖堂の三つの入口の彫刻群など、スペインのロマネスク美術の粋を集めたものとして、私たちの興味を強くひくが、巡礼たちは、これをどのような目で見たのであろうか。

巡礼路はレオンからさらに西行してアストルガに至る。『案内書』によればレオンの次の宿駅はさらに遠くラバナルで、道のりは六十四キロメートルもある。昔の巡礼ならこのくらいは歩いたかもしれない。しかし手前の町アストルガで一夜を過ごした者も多かったろう。この町は、古代ローマのプリニウスもそのすばらしさを称えているかつてのアストゥリカ・アウグスタで、古代の城壁も残っている。ここの大聖堂は十五～十七世紀に下り、巡礼の俤を残すものはほとんどないが、二十世紀スペインの代表的建築家ガウディの建てた新しい司教館の一部に巡礼関係の資料が集められているのが興味をそそる。

カスティーリャからレオンに拡がる広大な平原の旅はおそらく単調なものであったろう。『案内書』は、この地域が「まことに裕福で金銀に満ちている。家畜の飼料と強健な馬を豊かに生産し、パン、ぶどう酒、

図72　レオン、サン・イスィドーロ聖堂南側東入口、いわゆる「赦しの門」のティンパヌム
中央に「キリストの十字架降下」、左側に「キリストの昇天」、
右側に「墓を訪う聖女たち」。巡礼たちはこの門から堂内に入る。

図73　レオン南方、サモーラ大聖堂の中央の塔、12世紀

食肉、魚、牛乳、蜂蜜なども豊富である。とはいえ森林がなく、ずる賢い悪者がうようよしている」と述べている。金銀云々というのは、おそらくブルゴスやレオンなどの聖堂で見た立派な十字架、聖遺物箱その他の工芸品の豊かさを指しているのであろうが、それらは今日でも聖堂の宝物館や町の美術館である程度見ることができる。馬や飼葉についての関心は、今日でいえば、自動車や修理工場やガソリン・スタンドがあるかどうかの心配と同じである。しかし旅する者には、食糧の善し悪しと、路々で会う人々が信用できるかどうかが何よりもの関心であったろう。

図74
図75

図76

図76　キンタニーリャ・デ・ラス・ビーニャスの聖堂
（**図74/75**は聖堂外壁の浮彫）

ブルゴス南東方40kmほど、曠野（図64）の中に孤影を残す西ゴート時代の隠修堂。7世紀。この地方でも回教徒とキリスト教徒の激しい戦いがあった。聖堂外壁の装飾にはオリエント風の染織の香が漂っている。

図77　サン・ミゲール・デ・エスカラーダ旧修道院南外廊
列柱を繋ぐアーチは半円ではなくイスラーム風。
図78は内陣障壁（？）の再利用であろうが、
西ゴートの伝統を継承。

図79　フロミスタ東方近郊、
ボアディーリャ・デル・カミーノの広場に残る
「ローリョ・ゴティコ」（ゴシックの柱塔）、15世紀。

図80　アストルガの聖母子像、12～13世紀
どこにあったものか、今は巡礼美術館蔵。

図81　スペイン西部の町サラマンカに近いラ・アルベルカ村
ここでは中世がそのまま静止している。

第四章

さいはての大聖堂

最後の難関

アストルガの西方には、巨大なレオン山塊が立ち塞がっている。『案内書』によると、巡礼路はこの山塊に向かって直進し、約二〇キロメートル先のラバナルを宿駅とし、さらに山（イラーゴ）を越えてポンフェラーダの谷間に下り、西進してビリャフランカを次の宿駅とする。この道とは別に、アストルガから西北の道を行き、レオン山塊の北側を回って、マンサナル峠（一二三〇メートル）を越えてからボエーサ渓谷を西南に下り、ポンフェラーダに達する道もあるにはある。しかし多くの巡礼は、山越えの難路を選んだのである。

今日一般に用いられている五十万分の一の地図を見ると、アストルガからラバナルの少し先のフォンセバドンまで村道が続いているが、その先は道はない。道はないわけではないが、地図に載せるほどの道ではないのだ。

北回りの道は近代的な国道となり、それが栄えるとともに、かつての巡礼路の方は滅びたのである。

『案内書』の記すイラーゴ山越えの難路には、前述のラバナルの宿駅の他にも、多くの宿や救護院が数珠繋ぎに並んでいたはずである。巡礼はもう通らなくなった。宿や救護院の壁は崩れ、村々の人家も姿を消していった。この道の最も高い地点の村フォンセバドンは、今は人家わずか三軒しか残っていない。このあたり、アラガートスと呼ばれる人々の住む地域は、スペインきっての極貧地帯といわれる。また古いケルトあるいはベルベル（アフリカ系山岳民）の風習を伝える閉鎖的な所でもある。しかし見棄てられたこの土地には、巡礼時代のなにかが、そのまま氷結して残っている。村々に残る教会にはいずれも多少ともロマネスク時代の俤があり、時の流れは八世紀間このかたほとんど停止したままである。

フォンセバドンを過ぎて右手に、クルス・デ・フェーロ（鉄の十字架）と呼ばれる地点がある。小石が盛り上げられたその上に十字架を頂いた棒が突き立てられている。側を通る巡礼がそこに小石を投げる習慣があり、それが積り積って盛り上がったのである。この種の小石の山は、巡礼路ではそう珍しいものではない。吹雪や霧で道を失う危険のある地点に、しばしば見かけられたもので、これをモン・ジョワ（喜びの山）などという。ラテン語ではモンス・ガウディである。その語源は、フランク語で物見の丘のことをムンド・ガウィと言ったが、音が似ているところから、これがモンス・ガウディすなわち「喜びの山」になったものといわれる。道の標識は、このような小石の山に限らず、十字架でもよかった。旅人の標識としての小石の山は、時代や地域を越えた習慣であるが、十字架には、標識としてだけでなく旅人守護の意味があったのである。イラーゴ山越えの路傍のものは、石の山にさらに鉄の十字架が立っているのだ。吹雪や濃霧の難所だったからであろう。通る人々が小さい石を投げてゆくことによって、大切な標識が自ら

図82　クルス・デ・フェーロ（鉄の十字架）
十字架を支える夥しい小石の山は、通りがかりの巡礼たちの
祈りそのものなのであろう。

確保されたのである。

道は少しずつ下り、二つ三つの部落を過ぎて谷あいの町ポンフェラーダに着く。聖堂騎士会の城（十二世紀）のある所である。町の北部にあるサント・トマス・デ・ラス・オーリャスは、モサラベ様式のよく残る貴重な聖堂である。また南方に二十キロほど行くとペニャルバの部落があり、聖堂ともども中世がそのまま生きている感じである。ポンフェラーダに戻ると、そこからビリャフランカの宿場まではもう一息である。

次の宿駅は、『案内書』によればエル・セブレーロ山の峠を越えた彼方のトリヤカステーラである。この峠は最後の難所である。一四八九年の冬、トゥルネ（ベルギー）からはるばるとやって来たなめし革屋のジャンは、ここで危うく命拾いをした。「私たちは足半分を雪に取られた。少なくとも膝まで、しばしば腰まで雪に埋もれ、お互いに杖を使ってできるだけ助け合った……。」この峠にはオリヤック（中部フランス）のサン・ジェロー修道院の救護院があり、別にイギリス人巡礼のための救護院も近くにあった。

このあたりからガリスィャ地方に入るが、『案内書』によれば、「ここの田舎には森が多く、河川で潤され、野原やよい野菜畑に恵まれている。果物がおいしく、泉は澄んでいる。しかし町や村、耕地は少ない。小麦のパンとぶどう酒は豊かではない。ただしライ麦のパンとスィーケラ（りんご酒）、家畜、乗用獣、牛乳、蜂蜜は豊かである。海で獲れる魚は大型だが収穫量は少ない。金、銀、織物、森の動物の毛皮、その他の幸に恵まれている。サラセンの贅沢な宝物も多い。」

さて次の宿駅トリヤカステーラでは、巡礼たちは石灰岩の一塊を受け取って、パラス・デ・レイの宿場

183 ペニャルバ・デ・サンティヤーゴの村は、巡礼路を北側に見下ろす険阻な山中に、モサラベ様式の聖堂と11世紀の村の姿をそのまま残している。

図84　フォンセバドンの民家――「私が家主」

図85　フォンセバドン遠景
鉄の十字架（図82）のすぐ側の村。教会は廃墟と化し、人の住む家屋も僅か。

図86　セブレーロ山中の民家
屋根は低くすべて草葺。

を通り、九十キロメートルばかりの道をカスタニョーラまで運ぶことになっていた。そこで巡礼の運んだ石灰岩を集めて石灰を製造し、車でそれをサンティヤーゴまで運ぶのであった。聖都のあたりには石灰岩の採れるところがなかったのである。重いものを運ぶという苦労が聖業に繋がり、同時に聖都の建築に協力するという、一石二鳥の美しい習慣であった。

巡礼の旅の最後の数日の旅程には、とくに重要な聖地はない。しかし巡礼たちは二つの難所を切り抜け石運びをして、いわば苦行しながら聖地へと乗り込むのであった。ただし最終日にはもう一つの務めがあった。聖都から二ミリアリヤ（約三キロメートル）手前にある森に覆われたラバメントゥーラという所で、巡礼は服を脱いで全身を洗い清めた上、さていよいよ聖都入りとなるのであった。

図87　ペニャルバの聖堂（図83）の南入口
11世紀、モサラベ様式

聖都に入る

さて巡礼たちは最後はモンテ・デル・ゴーソ（今日のモンテ・サン・マルコス）なる丘に辿り着き、サンティヤーゴの鐘塔が忽然として彼方に現れるのを見る。巡礼仲間のうち最初にこの塔を見つけた者が、その仲間の王として認められ、その称号は貴族の称号さながら子孫代々伝えられたといわれる。旅が長ければ長いほど、苦労が多ければ多いほど、目指す大聖堂の塔を眼前にしたときの喜びは大きかったであろう。感動で胸を一杯にした巡礼たちの立つこの丘こそ、真の意味での「モンテ・デル・ゴーソ」（喜びの山）であった。（ここへ来るまでの道しるべの石の堆積も同じ名で呼ばれていた。）

ここで、馬で来た者も馬から降り、誰もが裸足になり、悔悛と歓喜の涙を流しながら町に着き、東の門である「プエルタ・デル・カミーノ（巡礼路の門）」を通って大聖堂に至る。

この大聖堂の建物は、時代とともにかなり変貌したから、巡礼たちがどの場所でどうしたかということは、時代によってかなり変ったであろう。しかしおおよそのことを記すと——彼らはまず、西入口（十二世紀末になってポルティコ・デ・ラ・グロリヤ――栄光の門――に改作）の中央の柱の側に立ち、その柱に触れる。というよりは、彫り込まれたその凹みの中に五本の指先を押し込む。巡礼たちは、指先に感じる石の冷たさを通して、ついに到着したのだという実感をしみじみと味わったに違いない。

聖堂の中は大変な雑踏である。あらゆる国々の人があらゆる国語で祈り、歌い、言葉を交す。立つ人、跪く人、寝込む人、病人、まさに死のうとする人（ここで死ぬということは大きな幸いであった）……。『案内書』は記す。「ここでは、健康は病者に与えられ、視力は盲人に返され、唖者には言葉が戻され、聴力は聾者に返され、通常の歩みが跛者に与えられ、悪魔憑きは救われ、そしてさらに、信徒の祈りはかなえられ、彼らの誓願は聞き入れられ、罪の鎖は落ち、天の扉は叩く者には開かれ、苦しむ者には慰めが与えられ、世界のあらゆる土地から来た異教の民は群れをなして寄り集まり神に贈物と讃辞を捧げるのである。」巡礼たちはそれぞれの願いをもって、聖堂中央の大祭壇をはじめ、周廊や翼廊などに並ぶ多数の祭壇をつぎつぎと巡回するのであった。

『案内書』は、この大聖堂の中にある祭壇について詳細に述べている。翼廊北入口の「フランスの門」から入ると、左手に聖ニコラウス（巡礼の守護者の一人）の祭壇があり、続いて聖十字架の祭壇以下、洗礼者聖ヨハンネスの祭壇まで九つが数えられる。祭室中央はいうまでもなく聖ヤコブスの祭壇で占められるが、それと周廊中央の救世主の祭壇との間に、聖マリヤ・マグダレーナの祭壇があり、そこで巡礼たちのために、朝のミサが歌われる。さらに西側階上廊に、聖ミカエルの祭壇以下計三つの祭壇がある。これらは、それぞれの祭壇に納められている聖遺物の主人公と関連して、それぞれ特別の御利益があるものとさ

図88　サンティヤーゴ大聖堂西正面　大聖堂は本来12世紀ロマネスク様式の建物だが、17、18世紀に西正面がバロック風（チュリゲレスコ様式）に大改造された。
図89（次頁以下）は「栄光の門」の左入口

れたのである。

しかし正確にいえば、御利益を得るためには、祭壇の前に進み出て祈るだけでは足りない。そこにある聖遺物を実際に見、可能ならばそれに触れ、接吻するのである。聖遺物というものの実体は、多くの場合、聖人の遺骨、遺品、殉教の時の刑具などの小片であり、水晶の容器などに入れて常時あるいは特定の日に顕示されることもあるが、通常は遺物器に納めたままで、そのために遺物器が聖遺物そのものであるような尊い意味をもち、粋をこらして豪華なものに作られていたのである。

聖ヤコブスについては、聖遺物ではなく遺骸そのものがそこに実在するということが非常な意味をもった。遺骸は貴重極まるものゆえ、石棺の中に入ったまま厳重に密封されていた。『案内書』によれば、「聖ヤコブスの遺骸は、彼の栄誉のために見事に造り上げられた主祭壇の下に安置されている。それは、見事な出来栄えで適当な大きさの美麗極まる穹窿付き墓室の中に納められた大理石の石棺の中に収容されている。この遺骸をかつて発見し決してそれを動かすことをしなかったこの町の司教聖テオデミルスの証言を信じるなら、この遺骸が動かずにここにましますことは確かである……。」

この石棺のある墓室はクリプタ（地下聖堂）をなしており、その階上に祭室があって、主祭壇は石棺の真上に作られ、天蓋で覆われていた。祭壇は豪華極まるもので、巡礼たちを感動させるに十分なものであったが、彼らの心の中には一抹の不安があった。それは、他の土地でも、聖ヤコブスの遺骸の一部を奉安していると称している聖堂があったからである。たとえば、トゥルーズのサン・セルナン教会は、聖人の頭蓋骨を有すると主張していた。そのことについて、質問する巡礼たちに対してサンティヤーゴの教会の

図90　「栄光の門」中央の聖ヤコブス像、12世紀末

当局者は、聖ヤコブスの遺骸が棺の中に葬られていることに疑問をもつと、巡礼の効果は消えるとか、狂犬のように気が狂う、とか言っていた。

この巡礼たちの不安を多少なりとも抑えるものは、おそらく十三世紀頃から祭壇背後に置かれた聖ヤコブスの像である。

一四八九年に、トゥルネのジャンは書いている。「……私は、大祭壇の後ろにある木の梯子を上り、そこで聖ヤコブスの栄誉のために刻まれた木像を抱擁した。そして像が頭に頂いている冠を取って自分の頭の上に載せた……。」この戴冠の木像はその後別の像と代わったが、巡礼の信仰心を満たすこの庶民的な習慣は、ほとんどそのまま今日もなお続いている。

聖ヤコブスの大聖堂

サンティャーゴ大聖堂というと、私たちにとってはスペイン屈指の重要な大遺構である。今日の訪問者は、この大建築の前に立ち、その入口の彫刻群を見、中に入って広大な空間の中に身を置くと、巡礼の心はもたなくても、やはり深い感動を覚えるに違いない。まして信仰心に燃えた中世の巡礼たちが、長い苦難を乗り切って聖都に辿り着き、この壮大な建物を前にしたとき、彼らは強烈な感動に打ち震えて誰もが思わず涙を流したであろう。その建築も彫刻も、内部の空間も絵ガラス窓も、たんなる美である以上に——つまり視覚的な快さを与える以上に——彼らの心の奥深くにまで喜びを与えたであろう。それらは巡礼たちのために作られたのである。巡礼の心に働きかけるために、工人たちはその技を磨き腕を揮ったのである。ある意味では、この大作品を生み出したものはまさに巡礼たちだったのである。

しかし彼らが実際にこの大「芸術品」をどのように感受したかについての記録は、ほとんどない。彼らは私たちの時代の人のように、批評家的な語彙を用いて作品分析を行うことはしなかったに違いない。感

図91　サンティヤーゴ大聖堂内部　全体は翼廊を具えたラテン十字架形平面構造、身廊部は半円穹窿で覆われている。三廊式で階上廊を具える。

動は個々人の内的体験であり、それを文字に変えて他人に紹介する必要はなかったであろう。記述を残して他人に伝えるべき知識は、歴史、地誌、技術などに関するものに限られていたようである。しかしこのことは、個の自覚とか美意識などといわれるものの欠如を意味するものでは決してないのである。

『案内書』の著者は、サンティャーゴの大聖堂について、詳細に記述しているが、それはほとんど客観的な事実に関したものである。彼はまず聖堂の規模を、長さ、幅、床上の高さについて数字で示している。単位は人の丈を規準にしているのが興味深く、かつて日本で建築の規模を間（けん）で示したのと類似している。さらに、平面構造について身廊、側廊、階上廊、周廊、翼廊、柱と窓の数および配置などについて詳細に記述しているが、それらは、今日残るものと比較して、極めて正確で、彼が専門の建築家であったのではないかと推測させるほどである。

それらの淡々たる客観的記述の中に、わずかではあるが彼は聖堂についての印象を挿入している。「この聖堂にはひび割れがなく、欠陥がない。見事な建築で、大きく、広く、明るく、各部分の調和がよく、長さ、幅、高さの比例もよく、石組みはえもいわれぬ見事なもので、王宮のように二階建ての構造である。建物の高い部分を巡回する者は、この聖堂の完全な美しさを見たあとは、悲しい心で昇って来た人でも帰るときは幸福な気分で心慰められて辞去するのである。」ここには、空間の視覚的性格についての鋭い見方があり、その精神的効果の記述をも忘れていない。宗教芸術の究極的意味は、まさにこのような精神的役割にあるのである。

窓についての記述では、「聖ヤコブスの祭壇周辺の高い位置には五つの窓があり、そこからの光で使徒の祭壇がよく照明されている」とあり、聖堂内部の照明の究極的な狙いについて、正確に見ている。しかし近世になって祭壇およびその周辺が装飾過多なチュリゲレスコ様式に作り変えられ、その時に作られた巨大な天蓋が高窓の光を遮って、『案内書』の記すような光の効果はもう見られなくなった。とはいえこの内陣を除いては、十二世紀の姿は建築内部によく残っており、今もロマネスク特有の荘重な雰囲気に満ち満ちている。

十八世紀初頭の建築家チュリゲーラの名をとった装飾過多の様式は、さらに聖堂の西ファサードをすっかり変貌させてしまった。『案内書』によるとこの建物には九基の塔（一部は未完成）があり、そのうちの二基は西正面のものであった。「（塔の）ここかしこの細部が非常に美しく作られているので、聖ヤコブスの聖堂は至上の栄光に輝いている。建物は、すべて堅固な生き生きとした褐色のそして大理石のような硬質の石材で造られている……。」この石材は花崗岩なのであるが、この文章によって中世の人々が建築の素材に対してとくに強い関心をもっていたことが理解される。

今日西正面はチュリゲレスコ様式で完全に覆われてしまったが、一歩中に入ると、そこにはいわゆる「ポルティコ・デ・ラ・グロリヤ（栄光の門）」が豪華な構えを見せている。これは十二世紀末のもので、それより前の『案内書』の時代には、そこには別の門があった。その門はすばらしいものであったと『案内書』は讃えている。「西の門には入口が二つあるが、これはその大きさからいっても、その装飾の見事さからいっても、他の門を凌駕している。……その装飾はあまりにも豊かなので、それを細かく描写することは不可能である。しかし高い位置に主の変容の場面が見られるのに注意しよう……。」しかしこの最も

図92　大聖堂南入口の「金工師の門」、12世紀前半

図93　「金工師の門」の上部

美しいとされる門は、なぜか十二世紀の後半に姿を消した。代わって作られた「栄光の門」は、工匠マテウス（および彼のアトリエ）の一一八八年の作で、全ヨーロッパの同時代の聖堂入口の代表的なものの一つとして知られる。その様式からすれば、「ヨーロッパのゴシック式聖堂入口の最初のもの」（キングスレー・ポーターによる）と見てもよい。

『案内書』に記されている北門（「フランスの門」と呼ばれていた）は十八世紀に新しく作り変えられたが、南門（プエルタ・デ・ラス・プラテリヤス――金工師の門）は、ほぼ当時のままで残っている。ここの壁にはかつての北門の断片も嵌め込まれているので、全体にやや不統一の感をまぬがれないが、個々に見ると優れた彫像が多く、南フランスのトゥルーズのサン・セルナンの彫刻様式と極めて似ているのが興味深い。

聖都にて

巡礼はこうして聖遺物を拝し、聖堂の中を回り外を巡り、サンティヤーゴ大聖堂に来たという実感を心ゆくばかりに味わう。しかしそれだけでは足りない。来たという事実を保証する「物」を手に入れてこれを持ち帰らなければならない。経験や記憶はそのままではしだいに色褪せてゆくものである。それに他人に対しては口での説明よりも物の方がものを言う。

まず巡礼を成就したという証明書である。少なくとも十四世紀以降、巡礼たちは、サンティヤーゴの教会当局から正式の証明書をもらったといわれるが（イーヴ・ボッティノーの『サンティヤーゴへの道』による）、おそらくこの習慣は早くからあったのであろう。これは巡礼への旅立ちに際して居住地の司祭からもらう身分証明書に相対するものであったろうし、巡礼を成就したからにはそれを証明する「物」がなにかにつけて必要であったはずである。

次いで聖ヤコブスの貝殻である。巡礼の多くは、もう少し足をのばして西南海岸の町パドロン（古代のイリヤ・フラウィヤ）の浜辺で帆立貝の殻を拾ったであろう。ここで巡礼たちは、限りなく広がる大海原を前にして、まさに地の果てに来たという実感をもったであろう。地の果てといえば、パドロンから西北行すること二日ないし三日で、文字通り「地の果て」（フィニステーレ）なる岬に着く。ここも聖地であり、この岬の入口にサンタ・マリーヤ教会があって、少なくとも十二世紀頃から巡礼を集めていた。一四一七年にコンポステーラに来たコーモン（西南フランス）の領主ノパールは、このフィニステーレ（フィニブス・テーレ）にまで足を伸ばして、「この地は海岸にあり、前方には陸地さらに見えず、ここで有難き奇蹟が行われた。ここに大きい山があるが、そこは荒野の聖ギラームの隠修堂があるところである」と記している。

さて巡礼たちが聖ヤコブスの貝を記念として持ち帰ることに目をつけたコンポステーラの商人たちは、この貝で商売をはじめる。『案内書』は次のように記している。「泉の次に……前庭がある。そこは石で敷きつめられている。ここでは巡礼たちに小さい海の貝殻を売っているが、これは聖ヤコブスの徽章である……。」この貝殻は通常小さい穴が二つあけてあり、紐を通して首に掛け、あるいは帽子や衣、旅嚢などに縫いつけるようになっていた。

町ではさらに、鉛や錫で作った帆立貝をも売りだすようになった。もっと悪いことには、他の町でもこの貝殻を売って儲けようとする連中が多数現れたらしく、そういう悪徳商人は破門にしてよいという通知が、ローマ教皇からたびたびコンポステーラ大司教に出されたことは、既述の通りである。

『案内書』はさらに、前庭では「ぶどう酒の革袋、靴、鹿皮の頭陀袋、財布、革紐、腰帯、各種の薬草その他の薬類、その他いろいろな品物を売っている。また、フランスの道には両替屋、宿引きその他さま

図94 「金工師の門」側壁の浮彫（「アダムの創造」）

図95/96　「金工師の門」両脇の人像円柱群

ざまの商売人がいる」と書いているが、旅人たちがそういうものを買い漁る風景は、昔も今とそう変らなかったであろう。そういう巡礼たちを食い物にする悪徳商人も跳梁したらしい。両替屋は旅人の無知を利用して異国の貨幣価値を偽って両替したり、商人は量目をごまかしたり、また巡礼の数が増える聖年には物価をいちだんと釣り上げたりする。そういった不正に対する処置も、手ぬかりなく教会当局や為政者によって行われた。

大聖堂に集まるおびただしい巡礼たちの献金の使用法について、『案内書』は興味ある記述をしている。「毎週、日曜日ごとに、決められた慣習に従って供え物は三つに分けられることになっている。その一番目はその週の週番が受け取る。残りの二つは、これを纏めてさらにそれを三分する。その一つは、参事会員の食事に当てるのが通常である。二番目は教会の慈善事業団に、三番目は土地の大司教に。ただし枝の主日から復活祭までの週の供え物は、救護院に宿泊している貧しいサンティヤーゴの巡礼たちがその権利を得る。さらに、神聖な正義の法則を守るならば、人は聖ヤコブスの祭壇に捧げられた供え物の十分の一を、救護院に到着した貧民たちに提供しなければならない。確かに、貧しい巡礼たちは誰でも、聖ヤコブスの祭壇の側に辿り着いた日の夜には、神と使徒への愛のゆえに、完璧な歓待を受けなければならないのである。病める人たちは、死ぬまで、あるいは完全に回復するまで、心温かく看護されなければならない。……ここに到着した貧しい人たちは、誰もが食を与えられるのである。さらに慣習に従えば、毎週日曜日には朝から三時課（午前九時頃）までに届く供え物は、町の癩病人たちに与えられることになっている。もしこのことに関して教会の高位聖職者の誰かが不正を行ったり供え物の行く先を変更した場合、彼は神の

図97 「金工師の門」ティンパヌムの左上部
（「ラッパを吹く天使」など）

前でこの罪を償わなければならない。」

多いときには連日千人を越える巡礼たちがこの町に入ってきたので、何十もある救護院は、ほとんど常に超満員で、宿屋はもとより私人の家までも宿泊のためにさかんに利用された。それでも町は巡礼で溢れるばかりで、町での滞在は三日までという制限の布告まで出されたほどである。町には大聖堂の他にもまだ訪うべき聖堂が多数あったのだが。

目的を達した巡礼たちには、また長い帰路の苦難があった。しかし彼らは、帆立貝その他の貴重な記念品を身につけて、往路のときよりは足取りもいちだんと軽く、故郷へ急いだに違いない。

終章

中世の巡礼たち

巡礼の心理

巡礼といえば、私たちが直ちに思い起こすのは、西国三十三ヶ所の「観音巡礼」や四国八十八ヶ所の弘法大師の「霊場巡り」である。しかし規模が遥かに雄大であり、凄絶とさえ言うべきものは、紀元四世紀から八世紀にかけて中国から天竺へ向かった仏僧たちの巡礼行である。

これらの仏僧の中でまとまった記録を残した最古の人法顕《ほっけん》は、その巡礼に十四年（三九九―四一二）を費やした。同行者がつぎつぎと命を落としてゆくなかで彼一人かろうじて生き続け、ついに目的を達して故国に帰還するその苦労のさまは、『法顕伝』の行間ににじみ出ている。下って七世紀の玄奘《げんじょう》は、十七年（六二九―六四五）かけてインド西域を巡礼した。彼の『大唐西域記』は、むしろ冷静な地誌的記録ゆえ、その労苦はさして表に姿を現さないが、おそらく私たちの想像を絶する艱難をいくたびも経験したのであろう。これらの仏僧にとっては、長年月にわたる求法巡礼の旅は、彼らの人生の精力の大半を注いだものであり、さらにほとんど人生そのものであったろう。

日本人の大巡礼行として著名なものは『入唐求法巡礼行記』を遺した円仁《えんにん》の入唐（八三八―八四七）があり、また近年では河口慧海《えかい》のチベット行（一八九七―一九〇三）などがある。いずれも非常な危難を冒しつつの求法巡礼で、その期間も私たちの旅行の常識を遥かに越えている。

巡礼者の心理は、私たちの時代の一般人の心理とは全く次元を異にするものである。昨今の多くの人にとっての関心事は、何よりもまず労働と報酬、娯楽と福祉であろう。労働とは生活のためにやむを得ぬ行為であり、なるべくそれにたずさわる時間を少なくし労苦を減じ、それによって得た報酬によって生活と余暇を楽しみ、体力が一定の限界に達したあとは福祉のうちに生きながらえることを理想とする。簡単にいえば物質的快楽と肉体的安楽を求める人生である。

これに反して巡礼は、何らの生産性もない精神的な目的のために時間と労力を費やし、しかも非常な困苦と時には生命の危険をも冒してその目的を遂行しようとする特殊な行為である。貧と苦を通して聖を求めようとするのである。これら二つの概念は、いずれも現代人には縁遠いものである。

ここで目を転じて古代インド人（現代までその伝統はある程度続いている）の人生観を見よう。彼らによれば人生には四つの期（アシュラマ）がある。第一は学習期、第二は家住期、次いで林棲期、最後は遊行期である。第一期には、霊的生活への準備として教師（グル）の家に住み宗教的学習を行う。第二期は、アルタ（実利）とカーマ（性愛）とにたずさわる家庭生活の時期である。第三期にいたり、髪が灰色になり子に子息を見るようになると、家を出て森に移り棲み、修行と苦行の生活をする。第四期に入ると、孤独のうちに遊行托鉢し、死を希わず生を求めず、ひたすら解脱へと向かう。すなわち人々にとっては、人生の目

図98　エル・アセーボの村を抜ける巡礼路
今は数十キロ北を国道が走っているので、旧道は棄てられてしまった。

図99　サント・トマス・デ・ラス・オーリャス聖堂内部
ポンフェラーダの町外れに残るモサラベ様式の聖堂、11世紀。
祭室は九つの小アーチによって静かに囲まれている。

的は快楽福祉を求めることではなく、老いてますます酷しい修行苦行を通じて最高の梵に到達しようとするのである。この修行法については『マヌ法典』に詳しい。

このような生活は、希望は若者のもの、人生の成功のいかんは中年の経済状態次第、老後は余剰の人生を消極的に過ごすのみ、そして死によって万事終る——というような近頃の人々の考える人生の類型とは全く逆である。

その優劣はさておき、古代インドの伝統を引くヒンドゥ教徒や仏教徒は、物的貧苦と肉体的苦痛に積極的な意味を認め、修行を通して死を超克しようとする。このような考え方は、他の多くの文明の中にも共通にこれを見出すことができるものであり、巡礼はそのような理念に基づく宗教的行為の一つの形として、普遍的傾向の強いものである。

貧しい旅人たち

巡礼に相当するヨーロッパ語は、いずれもラテン語のペレグリーヌスをもととしているが、このper-egrinusは既述のように語源的にはper-agerすなわち野原を通りゆく者の意であり、異国人、さすらい人の意である。

巡礼という漢語も「巡る」という行為が重要な意味をもっている。我が国の西国や四国の巡礼は、特定の霊場へ行くのが目的なのではなく、むしろ多数の霊場を「巡る」のが目的なのである。

もちろんイェルサレムやメッカ、ローマといった大巡礼地は、そこへ辿り着くのを目的として、巡礼の多くが遠隔の地から旅立つのだが、それでも、その目的の聖地にはいくつも訪れるべき場所がある。聖地においては「巡る」という形式は必ずあるものである。サンティヤーゴ巡礼の場合は、ほとんど日々大小の聖地に寄りながら、最終の目的地へ向かったのである。

他方また、特定の目的地をもたない巡礼もある。かつてアイルランドの修道士たちは帆も櫂もない小舟

図100　ピレネー中部スペイン側のタウール村
おそらく中世そのままの風景。塔はサンタ・マリーヤ聖堂。この村にはさらにサン・クレメンテ聖堂があり、ともに見事なロマネスク壁画が残っていたが、今はバルセローナの美術館に移されている。

図101　ジェールの聖母　バルセローナ、カタルーニャ美術館蔵
ジェールは東ピレネー山中の寒村。しかし12世紀の聖母には常に大国の女王の貫禄あり。

に乗って海に出て、風のまにまに漂い着く所に上陸してあてもない修行の旅をしたという。この旅には、布教の意味も含まれていたろうが、これもまた一つの巡礼の形式であった。

このような流浪の巡礼者は、インドの遊行者たちと同類で、おそらくいずこの社会いつの時代にもいて、そしてほとんど足跡を残すこともなく姿を消していったのであろう。一八七〇年頃ロシヤのカザンで公刊され、近年フランス語訳（ジャン・ラロワによる）の出た『ある巡礼の物語』は、十九世紀中頃のロシヤの農村をあてもなくさすらう純朴な一巡礼の回想記で、流浪の巡礼の典型として興味深いものである。この場合、巡礼者自身は著作を書き残すような人ではなかったが、別の修道士が筆録しておいたのが、たまたま書物の形をとるにいたったものらしい。

巡礼たちは、貧しかった。東西いずこでも、ほとんど常に、彼らは道沿いの住民たちの善意によって食を得そして旅を続けた。巡礼という行為は、道沿いの人々の善意によって支えられていた。人々にとっては、異国からやってくる貧しい巡礼たちはたんなる物乞いではなかった。艱難を冒して聖都へ赴く者には、すでに聖なる何ものかがあった。彼らは、キリストか聖人が身を貧しい巡礼の姿に変えたのかもしれなかった。『案内書』（第十一章）には、巡礼を迎え入れる者は、キリストを迎え入れる者であること（「マテウス福音書」X、40）が強調されている。巡礼を冷遇する者は天罰を受けた。

この点では仏教国も同じである。たとえば『日本霊異記』では、托鉢の僧を迫害したためにその報いの罰を受けた者の話がいくつも見える。私たちの社会では、もう托鉢者の姿はほとんど見られない。道行く人に対する一般の人々の善意の方も色褪せつつある。

サンティヤーゴへの巡礼の多くは、自己の意思による貧者であった。出発前にすっかり財産を処分して、自らの意思で貧者となり旅立つ者もいた。何がしかの路銀を用意して出た者も、それを途中で使い果たし、あるいは盗賊に奪われるなどして無一文になる者もいた。彼らは、一般旅行者や商人に課せられる関銭を免除された。救護院その他無料の宿泊所、給食所も多かった。途上いたるところで彼らは保護を受けた。

キリスト教社会においては、貧しさは、特別な意味を持っていた。ここで、聖書の中に貧しさについてのキリストの教えを探ってみよう。

「マテウス福音書」（XIX、21）にキリストの次の言葉がある。「汝もし完全ならんと欲せば、行きて汝の有てる物を売り、貧しき者に施せ。しからば天国において富を得ん。」何ゆえに富を手放すべきか。富は、世間的な気遣いとともに、神の御言葉を聞く妨げになるからである（「マテウス福音書」XIII、22）。

貧そのものが直ちに善なのではない。貧とは、霊的完成を求めるための妨げになるもの（富）を取り除いた状態なのである。この富の妨げとは、これを別の言葉でいえば、貪欲、虚栄、過度の願望である（トマス・アクイナス、『スンマ』II-II, Q.CLXXXVIII, a.7）。それゆえ「マテウス福音書」（XIX、23～24）にもいう。「富める者は天国に入り難し。……駱駝が針の穴を通るは、富める者の天国に入るよりは易し。」（同趣旨の文は「マルクス福音書」X、23～25および「ルカス福音書」XVIII、24～25にも見出される。）

キリストの弟子たらんとする者はかくて自ら富を捨て貧のうちに生活することを理想とする。この理想は、既述のように人間社会に普遍的なものゆえ、キリスト教徒も、キリスト教以前に遡る思想や修行形式を踏襲しさらに発展させたのであろう。初期キリスト教時代より、荒野や砂漠で修行者たるものは、いず

図102 「キリストの埋葬と聖女たち、眠る兵士たち」
サント・ドミンゴ・デ・スィロス修道院回廊浮彫、12世紀

れもが生死すれすれの極貧の生活をしたのである。

十二世紀後半に入って貧を求める思想および運動は新しい段階を迎えた。これは都市の物質的繁栄とそれを背景とする教会の栄華に対する反作用であろう。その一つにヴァルデスの運動がある。

ヴァルデス（またはヴァルド、ラテン名ヴァルデスィウス）はリヨンの富裕な商人で、一一七〇年の大飢饉に当たって聖アレクスィウス讃歌を聴いて感動して志を立て、二人の娘を修道院に入れ、自分の全財産を貧民に分け与え、リヨン貧者会を組織し、貧の教えとその運動を広めた。最初彼は教皇アレクサンデル三世の賛同を得ていたが、その運動の大胆さによってついにルキウス三世によって破門された（一一八四）。しかしその運動は北イタリヤ、スペインからヨーロッパ全体に波及し、教会の弾圧にもかかわらずその後も生き残り、今日もなおその末裔が現存する。

これからやや遅れて出たアッスィースィ（アッシジ）生まれの聖フランキスクス（フランチェスコ）は、これも富裕な呉服屋の息子で、若くして発心し財産と家庭を棄てて、やがて清貧を旨とする修道会を設立するにいたったことは周知のことである。

この二人のうち、前者は異端者扱いされたため、その足跡はほとんど消し去られ、後者のみが――生前多少の弾圧に遭いはしたが――偉大な聖人として後代に讃えられるにいたった。しかしこの両者の運動は、正と邪というよりは、極めて類似した理念に基づくものなのである。それは、物質的繁栄に向かいつつあった十二～十三世紀の強力な流れに対する是正の役割を演じたとともに、キリスト教社会の底流をなす貧の思想の湧出と見ることもできる。この底流が、聖地への巡礼を支えもしたのである。

苦行としての巡礼

さて聖地巡りの旅人たちは、何よりもまず歩く人だった。この当然のことをあらためて指摘するのは、近頃の人々が歩くことを忘れて（むしろ嫌って）便利な乗物を利用することばかり考えるからである。サンティヤーゴの『案内書』にしても、あるいはイェルサレムに関するテオドスィウスの『聖地地誌』（六世紀初）にしても、あるいは玄奘の『大唐西域記』にしても、歩く旅人たちのために各地の里程をていねいに記すのを忘れていない。

ここでサンティヤーゴへの巡礼路について具体的に検討してみよう。たとえばパリから目的地コンポステーラまで、各地の聖所を巡礼しながら野を行き山を越えしてゆくその行程は千キロメートルを遥かにこえるであろう。一日二十キロメートルから三十キロメートル進むとして、往復二ヶ月、時には三ヶ月を歩き通しである。馬などを使うこともあったろう。十二世紀の『案内書』は、ピレネーを越えてからの十三日間の道程のうち二日間だけをとくに騎乗と記しているから、他は歩行であったに違いない。ただし既述のように十三日でこの道を歩くのは、一日あたり八十キロメートル前後の計算となり、これはいくら足が強くてもおそらく不可能である。一四一七年に巡礼をしたコーモンの領主ノパール二世の記録によると、同じくピレネーを越えてからサンティヤーゴまでに三十四日かけている。これなら納得できなくはない。

しかし私たちの時代の人は、千数百キロどころかその十分の一とて、歩く気力も体力ももたないだろう。もちろん中世の巡礼にも、このような長距離の旅はそれだけでも苦行であった。加うるに旅に伴うさまざまの苦労がある。しかし彼らは、楽をしようとはしなかった。苦行であるところに巡礼の意味があったのである。

私たちの時代には、苦労は悪といわぬまでも損であり、愚かなことであると人々は思っている。人は、機械が人間を苦労から解放したことを讃美するだけで、苦行の意味などはほとんど探ろうともしない。苦行者に当たるヨーロッパ語は、すべてギリシヤ語のアスケティコス（askētikós）に由来する。肉体を鍛錬する者の意であり、さらに精神の鍛錬をする者の意となる。

苦行者は、これを植物にたとえれば、風雨や強い日光に鍛えられる野生の木である。温室育ちのひよわな植木ではない。しかし人間の場合、鍛えられるのは体力よりは精神である。人間はこの鍛練によって、自制、忍従、貞潔、温和などの徳を修得する。これは、いかなる宗教においても同様である。それは、低次元の意思の動きを抑制して、これを高次元の理法に従属せしめることである。この理法はインド思想におけるダハルマであり、ユダヤ・キリスト教思想においてはモーゼの律法によって具体的に示されている。

キリスト教では、苦行はさらに愛のあかしである。それは苦しむ者と苦しみを分け合うことであり、不

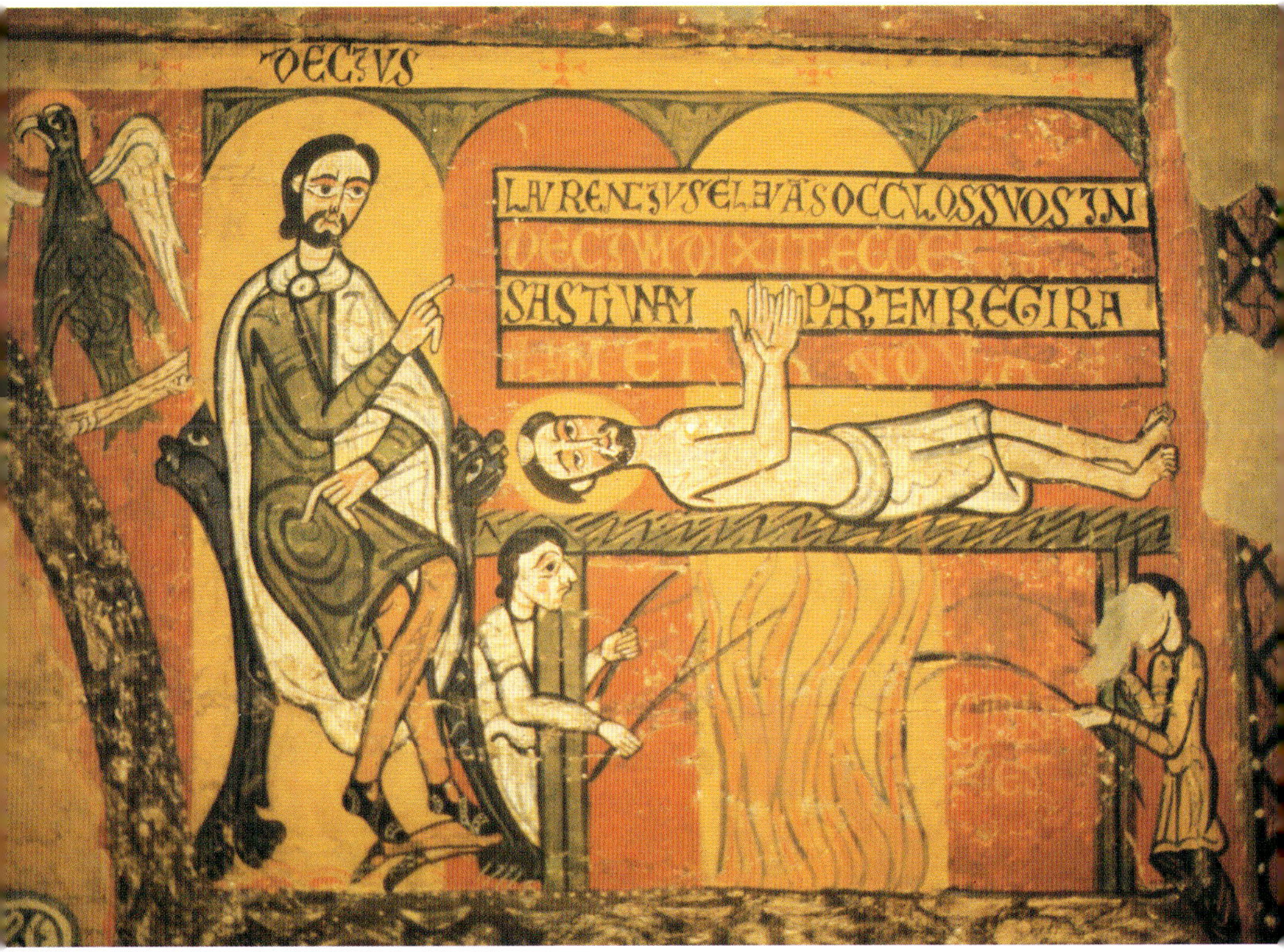

図103　「聖ラウレンティウスの殉教」
バルセローナ北西、
サン・ロレンス・デルムント旧修道院聖堂祭壇画、12世紀
現在はヴィックの司教区美術館蔵

図104　東ピレネーの北側、アングストリーヌの聖堂の祭壇
聖母子像の左右に「お告げの聖母」と「聖母のエリザベット訪問」、12世紀のものだがまだ聖堂で使われている。

幸な者、迫害された者、殉教者さらにまた苦難のキリストに対する愛である。キリストは言う（「マテウス福音書」X、38）。「己の十字架を取りて我に従わざる者は、我にふさわしからず。」キリストが十字架を負うのは、人類の罪を贖うためである。しかし人はすべてまず自己の罪のために十字架を負わねばならぬ。この意味で苦行は痛悔であり贖罪であり、救われるために必要な行為である。

キリスト教社会では、早くから苦行を事とする集団が生まれた。二世紀に現れたエンクラティス派（制欲派）は、肉、ぶどう酒をとらず、性的行為や結婚を禁止した。パウルスが「ティモテウスへの第一の書簡」（Ⅳ、1～5）で記している禁欲の偽善者たちとは、この派のことであろう。この派のセウェルスなる者によれば、「人間は、腰から上は神の作、腰から下は悪魔の作」なのだそうだ。この派は小アジヤ各地に広がりシリヤに入り、四世紀頃姿を消した。

同じ二世紀にモンタヌス派が小アジヤのフリギヤに、次いで三世紀にマニ教がペルシヤに現れて、それぞれ苦行を奨めた。初期キリスト教時代には苦行者が多く、エジプト、さらにアイルランドの修道士たちの苦行はとくにすさまじいものであった。それはしばしば過度に陥り、それに対する是正が行われた。

苦行は人間社会に普遍的に見られる現象で、生きるがための一種の知恵と見ることもできる。それは普通、社会的危機（快楽主義の流行、戦乱、飢饉や悪疫などによる）の意識の中から自ずから生まれるものである。一二六〇年のこと、中部イタリヤのペルージャで鞭打苦行会（フラジェルランティ）なるものが現れた。その前年大飢饉がありまた専制政治や無政府状態が続いた危機的状況の中からである。人々は顔を蔽い、上半身を露にし、鞭で血のにじみ出るまで我が身を打ち、キリスト受難の讃歌をうたいながら、町を練り歩いた。十字架像と旗とを捧持する聖職者たちを先頭に、男女から子供にいたるまでが行列を作り、その数は時には一万人にも達したといわれる。そしてこの運動はアルプスを越えてドイツからポーランドにも拡がったが、その中に政治的な意図が含まれているということで、翌年早くも教皇によって禁止された。

鞭で我が身を打つ苦行は、じつは早くから多くの修道会で行われており、また民衆の間でも珍しくない習慣であったのである。それは、もちろん福音書に見られるあの「鞭打たれるキリスト」(「マテウス福音書」XXVII、26など)と苦しみを共にする意味を持っていた。

民衆の行う苦行は、他にもさまざまの形式があった。定時の斎戒は絶えず守られた。人間の信仰生活において、苦行は大きい意味をもっていた。長い道のりを、幾多の艱難をものともせず歩き通す巡礼という苦行は、そのことだけでも重要な意味をもつものであった。

図105　「復活する人たち」
ウエスカ北東の寒村バールルエンガ、サン・ミゲール聖堂壁画、13世紀

図106　「楽人たち」
スペインのカタルーニャ地方にある
レスタニー修道院回廊柱頭、13世紀

庶民の心情

もちろん旅は困苦のみではない。喜びも楽しみもある。『案内書』は巡礼路各地の食物のことを詳しく述べているが、水が飲めるか飲めないかというような生死に係る問題だけでなく、パンやぶどう酒、肉や果物の味のよしあしなどにも触れ、味覚の楽しみへの関心を示しているのは、旅の余裕というものであろう。筆者はおそらく修道士で、酷しい生活に慣れている人であったはずだが、彼にしてなおかくのごときだから、まして一般庶民には、食物は強い関心事であったろう。

もちろん異国の風物に接する楽しみその他、さまざまの経験を通じての人間的な喜びもあったに違いない。人間の心情は、おのずからそういった快楽の方に流れてゆくものだが、それとは逆の方向をもつ前述の貧や苦への思考は、自然の情を抑えた強烈な宗教的理念に発するものである。

清貧や苦行といった高度の宗教的理念と安楽を求める人間的心情とは、一見して対極的な性格のもののように思われる。しかし、巡礼という信仰行為においては、この両者が交錯しており、考えようによって

図107　コベットの聖母子像　バルセローナ、カタルーニャ美術館蔵
ピレネーのアンドーラへ通じる山奥の村コベットのサンタ・マリーヤ教会に伝わったロマネスク様式の聖母子像。気取りも気張りもないこの種の像は、いずこの村にもあって村人や旅人たちを慰めたのであろう。

は、人間的さらには庶民的心情が、その本質をなすものとさえいえる。

神は偶像ではなく超感覚的絶対的な一者であることは、キリスト者ならば誰も認めるところである。しかし庶民的心情は極めて現実的であって、礼拝の対象も感覚で認識されるものでなければ気がすまない。彼らは感覚を通して存在を確かめるのである。神学者たちは、聖像の礼拝は可か否かということで絶えず論争を続け、それを可とする場合も、像とその原体はどういう関係にあるのか、という問題で難解な理論立てを試みた。しかし庶民は、そのような論争とは無関係に、感覚の対象としての聖像を求める。しかも特定の聖像を選んで、それに神的な力を認める。十二世紀に例をとると、ル・ピュイの聖母、シャルトルの聖母、ロカマドゥールの聖母など、特定の聖母像がとくにそれらの行う奇蹟のゆえに多くの巡礼を集めた。聖母像や磔刑像はいたるところにあったわけだが、特定のものが信仰を集めたとすれば、他のものは御利益が薄かったということになろう。

さてそれら特定の聖像を礼拝するということはその側に近寄ってそれを眼でしかと見ることである。それだけでは足りない。できればそれに触れるのである。触れるということは、もう少し正確にいえば指で触れ、できれば足先か衣に口づけすること、さらに許されるならば、像を抱擁することである。

そういう行為は、偶像礼拝に陥る危険が大いにあった。像は何を象るにせよともかく絵具を塗った木塊、石塊あるいは金属塊にすぎぬ。いかにしてそれが聖でありうるか。

それを説明するためには、まず聖遺物礼拝の説明から始めなければならない。初期キリスト教時代以来のキリスト教発展の段階において、早くから多くの人々が迫害を受け処刑された。しかし苦痛や死をものともしなかった彼らの信仰は時代が下がるにつれて信徒たちの讃美の的となり、彼らの遺骨や遺物が礼拝の対象となった。もちろん正統派の神学者の立場からすれば、彼らは神ではなく奇蹟の力をもたない。聖人聖遺物が奇蹟を行うとすれば、それはそれらを通しての神の業なのである。聖遺物は仲立ちにすぎない。しかし信徒たちは聖遺物を神のごとく見、これを神のごとくに扱う。聖遺物そのものに触れ、それが不可能ならばその容器に触れる。容器そのものが神であるかのごとくに。

聖遺物がいかに貴重視されたかは、『案内書』の記述からも明瞭にうかがうことができる。著者が巡礼の聖地を紹介するときに、何よりもまず聖遺物についてそれがいかに聖なるものであるかを語っているからである。巡礼とは聖遺物巡拝の旅にほかならなかったのである。

ところで聖像はいかにして礼拝の対象たりえたか。かの著名なコンクの聖フィデス像を例にとると、これはじつはもともと聖遺物器なのであって、それを聖女の形にしつらえたものなのである。聖母像や磔刑像はというと、これもじつはもともとすべて遺物器なのである。像の背面あるいは聖像の坐っている椅子の部分などに小さい龕ないし穴があけられていて、そこに必ず何らかの聖遺物が収められたのである。こうして、それを拝む信徒たちは、たんなる木の断片や金属塊を礼拝するのではなくて本物の聖遺物を拝む、ということになるのだった。しかしおそらく、聖像が盛んに作られたロマネスク時代あたりから、聖遺物礼拝から聖像礼拝が少しずつ分離してゆき、自ずから聖像そのものの礼拝（つまりその中に収められている聖遺物の礼拝ではなく）が一般化していったのであろう。聖遺物はなお少なくとも十五世紀頃までは聖像の中に収められるのが通常であったが。

図108　「最後の審判」　コンク、サント・フォワ聖堂のティンパヌム、12世紀
上段は審判者キリスト、下段は天国と地獄の境界

図109　「神秘の仔羊」

モンドニェド、サン・マルティン聖堂正面入口

モンドニェドはイベリヤ半島北西海岸に近い町。かつての大聖堂も今は寂れている。正面入口のこの浮彫は古作品の再利用であろう。

なおついでにいえば、初期キリスト教時代以来、聖人の遺骸の入っている石棺そのものが、神への犠牲の壇すなわち祭壇として用いられるようになった。祭壇はそれゆえ聖遺物器でもあった。祭壇が石棺とは無関係にそれとして作られるようになっても、なお祭壇の一部には聖遺物を収める小さい龕が設けられることが義務づけられた。

聖遺物崇拝や聖像礼拝は、神学者の立場からすれば、やはり大いに問題である。これに反対しこれを偶像崇拝とする主張は跡を断たない。それにもかかわらず、それらが大いに流行したのは、庶民的感情が常に強烈に働き続けたからであろう。

庶民がすべてを感覚を通じて理解する傾向は、庶民社会が大きい発展をとげた十二、十三世紀を宗教芸術の大時代たらしめた。

その一例をあげると、「最後の審判」である。現代人には「最後の審判」や地獄極楽は極めて縁遠い概念である。現世における善悪の行為が死後何らかの報いを受けないのであれば、道徳というものはたいした意味をもたなくなるということは、多くの人の理解するところである。しかし、死後の世界は見えない。見えないものは「現実」として受け取りがたい。

しかし、たとえば源信の『往生要集』が多くの仏典に基づいて地獄と極楽とを克明に描写しているように、ロマネスクやゴシックの彫刻師や画師は、聖堂の西壁の内外に、「最後の審判」を現実の光景として民衆に示した。庶民はこれをたんなる空想の産物としてではなしに、現実のものとして見たにちがいない。

さらにいえば、巷間に流れるさまざまの奇蹟の噂や書物（『黄金伝説』の類）に記された聖人の説話なども、聖堂の彫刻や絵によって視覚化されたそれらの図像とともに、すべて現実に眼の前に起るさまざまの光景と同じ次元において受け止められたに違いないのである。

全訳

サンティヤーゴ巡礼案内書

柳　宗玄　訳

使徒聖ヤコブスの第四の書[註1]の序

福者教皇カリストゥス[註2]これを記す

教養ある読者にしてこの我らが著書の中に真実を探ろうとする人は、躊躇も懸念もなくこの書を開かれよ。彼がそこに真実を見出すことは疑いない。なぜなら、今なお在世される少なからぬ人々が、この書の内容の真実性を保証されるからである。

註1　直前の第四の書が十七世紀に一旦別扱いにされた関係で繰り上げられたもの。現在は再訂正されて第五の書と数えられている。
2　在位一一一九―一一二四。

第一章　サンティヤーゴへの巡礼路
第二章　サンティヤーゴへの巡礼路の宿場
第三章　巡礼路に沿う町村の名
第四章　この世の壮麗なる三大救護院
第五章　サンティヤーゴへの巡礼路再建に貢献した人たち
第六章　街道沿いの悪しき水と良き水
第七章　街道沿いの土地の名と住民の特色
第八章　参詣すべき街道沿いの諸聖人の墓所、聖エウトロピウスの受難
第九章　ガリスィヤにある聖ヤコブスの町と聖堂の特色
第十章　聖ヤコブス参事会の人数
第十一章　サンティヤーゴへの巡礼者たちの善きもてなし

第一章　サンティヤーゴへの巡礼路

サンティヤーゴへの道は四本あり、それらはスペイン領土にあるプエンテ・ラ・レイナで一本に合流する。その一本はサン・ジル（デュ・ガール）、モンペリエ、トゥルーズおよびソンポールを経由する。次の一本はル・ピュイのノートル・ダーム、コンクのサント・フォワおよびモワサックのサン・ピエールを、さらに別の一本はヴェズレーのサント・マリー・マドレーヌ、リムザン地方のサン・レオナール、そしてペリグーの町を通る。さらなる一本はトゥールのサン・マルタン、ポワティエのサン・ティレール、アンジェリのサン・ジャン、サントのサン・テュトロップ、そしてボルドーの町を通る。

サント・フォワを通る道、サン・レオナールを横切る道およびサン・マルタンを抜ける道は、オスタバで合流し、スィーズの峠を越えたあと、プエンテ・ラ・レイナでソンポール峠経由の道と合流する。

第二章　サンティヤーゴへの巡礼路の宿場

教皇カリストゥス

ソンポール峠からプエンテ・ラ・レイナに至るまでに、小さい宿場が三つある。その一つは、ソンポール峠の麓でガスコーニュ側の傾斜地にあるボルスの村からハーカにまで通じている。第二はハーカからモンレアールまで、第三はモンレアールからプエンテ・ラ・レイナまでである。

スィーズの峠道からサンティヤーゴへ至るまでには街道が十三ある。その第一はスィーズ山地の麓にあるサン・ミシェル村からガスコーニュの斜面を通ってビスカレータに至るもので、この街道は短い。第二はビスカレータからパンプローナに通じるもので、この街道も短い。第三はパンプローナの町からエステーリャに至る。第四はエステーリャからナヘラへ、これは馬で行く。第五はナヘラからブルゴスの町へ、これも馬で行く。第六はブルゴスからフロミスタまで。第七はフロミスタからサアグンまで。第八はサアグンからレオンの町へ行く。第九はレオンからラバナルへ。第十はラバナルからビリャフランカへ行くものだが、ここは、モンテ・イラーゴの峠を越えたバルカルセ川の入口にある。第十一は、ビリャフランカからトリヤカステーラに至るもので、セブレーロ山の峠を越える。第十二はトリヤカステーラからパラス・デ・レイに行く。第十三はパラス・デ・レイからサンティヤーゴまで行くものだが、この道は短い。

第三章　巡礼路に沿う町村の名

ソンポール峠からプエンテ・ラ・レイナに至るまでのサンティヤーゴ巡礼路にある町村は次のごとくである。先ず山麓のガスコーニュ側の山の斜面にはボルス。次に山稜を越えるとサント・クリスティーナの救護院があり、次いでカンフラン、さらにハーカ、そしてオステュリ、常に湯の湧き出る王室浴場のあるティエルマス、次にモンレアール、そしてプエンテ・ラ・レイナに到達する。

スィーズの救護院からは、ガリスィヤの記念聖堂（今日の大聖堂）に至るサンティヤーゴの道に沿って最も重要な町々が並んでいる。先ずスィーズの山の麓その場所に、ガスコーニュ地方の傾斜面にサン・ミシェルの町がある。続いてその山稜を越えてからロトランドゥス（ロラン）の救護院に辿り着く。次にロンセスバリェスの町。次いでビスカレータ、さらにララソアーニャ、次にパンプローナ、そしてプエンテ・ラ・レイナ、次いでエステーリャだが、ここはパンがおいしくぶどう酒もよく、肉や魚が豊かでうまいものに満ち溢れている。そのあとはロス・アルコス、ログローニョ、ビリャローヤを過ぎ、ナヘラの町、サント・ドミンゴ・デ・ラ・カルサーダ、レデスィーリャ（デル・カミーノ）、ベロラード、ビリャフランカ、オーカの森、アタプエルカ、ブルゴスの町、タルダーホス、オルニーリョス・デル・カミーノ、カストロヘリース、（カスティーリョの）イテーロ橋、フロミスタ、カリヨン、この町は工業都市で繁栄し、パン、ぶどう、酒そしてあらゆる物資が豊かである。次いでサアグンに入るが、ここも繁栄に満ちている。伝えによればそこに小牧場があり、戦に勝った戦士たちが神を讃えるためにそこに突き立てた槍がかつては緑に輝いていたといわれる。次いでマンスィーリャそしてレオンの町、ここは王宮および廷臣の邸宅があり、あらゆる悦楽に満ち溢れている。次いでオルビーゴ、そしてアストルガの町。続いてラバナル（デル・カミーノ）、これは捕虜の町とも呼ばれている。それからプエルト・イラーゴ、モリナセーカ、続いてポンフェラーダ、カカベロス、バルカルセ川入口のビリャフランカ、次にサラセン人の野営地、ビラ・ウス、セブレーロ山の峠、山頂の救護院、それからリニャーレス、トリヤカステーラ。ガリスィヤ地方では、この山の麓で巡礼たちが石塊を受け取り、それをカスタニョーラまで運ぶ。この石から使徒の記念聖堂を建築するために役立つ石灰が採れるのである。さて次いでサン・ミゲールの町、それからバルバデーロ、そしてミーニョ川の橋（ポルトマリン）、次にサラ・レヒーナ、パラス・デ・レイ、レボレイロ、それからサンティヤーゴ・デ・ボエンテ、カスタニョーラ、ビラノーバ、フェルレイオス、そして最後にコンポステーラ。これが使徒のいとも高貴なる町、あらゆる歓喜に満ち、聖ヤコブスの貴い遺体を保存し、そのゆえにスペインのすべての町の中で最も幸福にして貴き町として知られているその町である。

私は以上の町や宿場を急いで列挙したが、これは、サンティヤーゴへ出掛ける巡礼者たちが、このような情報を得ることによって旅費を準備できるようにと念じてのことである。

第四章　この世の壮麗なる三大救護院

貧しい人たちを支えるために必要な柱が神によってこの世に建てられたが、その中でも主要なものが三つある。イェルサレムの救護院、モンス・ヨウィス（モン・ジュ）の救護院[註1]およびソンポール峠のサント・クリスティーナ救護院[註2]である。これらの救護院は、いずれも必要な場所に建てられたものである。それらは、聖なる巡礼たちを勇気づけ、貧しき人々の心を休め、病める人々を慰め、死者を救い、生者を助けるための、聖なる場所であり、神の家である。

これらの聖なる家を建てた人たちは、何人であれ、神の王国を得ることは疑いないであろう。

註1　アルプス山中の難所にある聖ベルナルドゥスの救護院のことらしく、これはローマ巡礼のためのもの。本編七五頁を参照。
2　後に現存のロンセスバリェス救護院がこれに代わる。

第五章　サンティヤーゴへの巡礼路再建に貢献した人たち

アイメリクス[註1]

ここに、サンティヤーゴ大司教ディダクス（ディエゴ）、スペインとガリスィヤの皇帝アルフォンススおよび教皇カリストゥスの時代に、サンティヤーゴの道路、ラバナルからミーニョ川橋までの区間を、一一二〇年以前に、神および聖ヤコブスへの愛のために、アラゴン王アルフォンスス（一世）およびフランス王ルドヴィクス（ルイ）大王の治世下に道路整備にたずさわった何人かの人物名を挙げる。アンドレアス、ロットゲリウス、アルヴィトゥス、フォルトゥス、アルナルドゥス、ステファヌスおよび、女王ウルラーカが破壊したミーニョ川橋を再建したペトルスである。

これらの人物およびその協力者たちの魂がとこしえに平和の中に憩わんことを。

註1　この一章は教皇カリストゥスの尚書のアイメリクスの筆に成るものとされる。

第六章　街道沿いの悪しき水と良き水

スィーズの峠道およびソンポール峠からサンティヤーゴまでの道筋にある河川の名をここに挙げる。ソンポール峠からアラゴンと呼ばれる清浄な川が流れ下ってスペインを潤す。スィーズの峠道からは多くの人がルーナと呼ぶ清浄な川が湧き出て、それがパンプローナを横切る。プエンテ・ラ・レイナからはアルガおよびルーナが共に流れ下る。東方のロルカと呼ばれる土地では、塩辛い川と呼ばれる流れがあるがそこでは、川水に口を近づけたり、乗馬にその水を飲ませたりしてはならない。この川は死を招くから。私たちはサンティヤーゴへの道すがら、この川の岸で二人のナバーラ人が坐って刀を研いでいるのを見かけた。彼らは巡礼たちの乗馬がこの川の水を飲んで死ぬのを待ち、その皮を剥ぎ取るのを常習にしているのである。私たちが彼らに質問すると、彼らはいかにも嘘ったらしく、これは良い水で飲めるのだと答えた。それで私たちは馬に飲ませたところたちまちその二頭が死んでしまった。男たちは即座にその皮を剥ぎ取った。

エステーリャでは、エーガ川が流れているがその水は優しく健康的ですばらしい。ロス・アルコスなる町を横切る川の水は死をもたらす。アルコスを過ぎて最初の救護院の近く、つまりアルコスとこの救護院との間に、馬も人も水を飲むと命を落とす危険な川が流れている。その先も、コバスという名の村まで、やはり不潔な水の川が流れている。

ログローニョではエーブロなる大河を過ぎるが、この水は良質で魚もたくさんいる。エステーリャからログローニョまでの道筋で出会う川の水は飲むと人にも馬にも危険で、その魚も食べた者に死をもたらす。人が俗にバルブス（にごい）と呼び、ポワトゥ地方の人々がアローズ、イタリヤ人がクリピヤと呼ぶ魚、あるいは鰻、テンカム[註1]などは、スペインでもガリスィヤでも、食べてはならないものである。なぜなら、食べたら間もなく死ぬか、あるいは病気になること疑いなしである。もしたまたまそれを食べても病気にならぬとすれば、それは彼が他人よりも健康な人だからか、あるいはこの土地に長期間滞在して風土に慣れているせいである。スペイン全土やガリスィヤでは、魚や牛肉、豚肉のすべてが異国人には病気をもたらす。

水がうまくて飲むに適している河川は、一般に次のような名である。イテーロ・デル・カスティーリョの橋を通るピスエルガ川、カリヨン・デ・ロス・コンデスを流れるカリヨン川、サアグンを通るセア川、マンスィーリャを通るエスラ川、マンスィーリャとレオンの間の大橋を潜るポルマ川、レオンでユダヤ人の居住地の下を流れるトリオ川、ベルネスグアの町の近くを流れ向こう側すなわちアストルガの方に向かう同名（ベルネスグア）の川、緑の谷間でポンフェラーダを洗うスィル川、カカベロスを通るクア川、ビリャフランカの橋を通るブルビヤ川、バルカルセ地方を流れるカルセーラ川、ミーニョの橋（ポルトマリン）

を横切るミーニョ川、さらにサンティヤーゴの町から二ミリアリヤの所を流れ、[註2]ラバメントゥーラと呼ばれる森を潤す川。ここでは、フランスからサンティヤーゴへ行く巡礼たちが使徒を慕って、体の一部を洗うだけでなく、衣服を脱ぎ川で全身を洗って汚れを清めるのがならわしになっている。[註3]サール川は、モンテ・デル・ゴーソ（喜びの山）とサンティヤーゴの町の間を流れ、清浄な流れとされている。同様に、町のもう一方の丘から西方へ流れるサレーラ川も、同じく清浄な川として有名である。

私がこれらの川について記したのは、サンティヤーゴへ行く巡礼たちに、彼らと彼らの乗る馬たちが不潔な水を飲むことなく清浄な水を選ぶように注意をしていただきたいからである。

註1　鯉の一種。
2　古代ローマの里程。一ミリアリウスは千歩、すなわち約一・五キロメートル。
3　ここは現在ラバコーリャという名になっているが、これは「尻洗い」というあまり品のよくない意味である。

第七章　街道沿いの土地の名と住民の特色

トゥルーズの道を経てサンティヤーゴへ向かうとき、先ずガロンヌ川を横切るとガスコーニュの国に入る。次いでソンポール峠を越え、アラゴン、ナバーラと進み、アルガ河畔の救護院に至り、さらに道は続く。しかしスィーズの救護院の道を採るときは、トゥールを過ぎてからポワトゥ地方に入るが、この地方は肥沃ですばらしく、良いこと一杯である。ポワトゥ地方の人たちは、たくましく優れた戦士で、戦場では弓矢や槍の使い方がうまく、戦に臨むと勇敢で、走るのが速く、身だしなみは優雅、美貌、信心深く、人をもてなす心が極めて豊かである。さらに先へ進むとサントンジュ地方に入る。その先は、入海とガロンヌ川を渡り、ボルドー地方に入る。ここはぶどう酒がうまく魚が豊富だが、言葉が乱暴である。サントンジュの人たちもすでに話し方が荒々しいが、ボルドーの人たちは、それに輪をかけている。次いでボルドーのランド地方を横断するのだが、そのためには、それまでにすでに疲労した人たちは三日間も歩かねばならない。

ここは荒涼たる土地で、物資に乏しい。パンはなくぶどう酒はなく、肉も魚も、水も泉もない。この広い砂地には村落も数少ないが、蜂蜜、ミリオ、パニキオ、[註1]グルグニス[註2]が豊かにある。

もしランド地方を横断するのがたまたま夏の季節だと、大型の蝿を除けるために顔を蔽うのを忘れてはならない。雀蜂とか虻とかいわれているものが、とくに顔のあたりを飛び回るから。足元にも気をつけるのを怠ると、あたりまで広がっている海の砂の中に急に足を取られて膝まで埋まってしまう。

この地域を横断したあと、ガスコーニュ地方に入る。ここは白パンや上質の赤ぶどう酒が豊かで、森、野原、川、澄んだ泉に恵まれている。ガスコーニュ人は口が軽くおしゃべりで、からかい好き、ふしだら、酒好き、食いしんぼう、ぼろを纏っていてみすぼらしく、金を持たない。しかし彼らは、喧嘩好きだが貧しい人々には目立って親切である。炉端の周りに坐り、食卓なしに食事して、皆が同じ杯で飲む習慣がある。大食いで、生酒をがぶ飲みし、衣服はみすぼらしい。腐った藁のせんべい蒲団で皆が一緒にごろ寝して憚らない。下僕たちも主人やおかみさんと一緒である。

この地方を出ると、サンティヤーゴへの道は、サン・ジャン・ド・ソルドの村[註3]の側を流れる二本の川を横切る。その一本は右に、もう一本は左に。その一つはガヴェール（急流）、他はフルーメン（大河）と呼ばれ、共に舟がないと渡れない。その船頭は呪われよ。じつのところ、川幅がごく狭くても、この連中は、彼らが対岸に渡してやる客の一人一人に、それが金持であろうが貧乏人であろうが、貨幣一枚を請求する習慣があるのだ。そして馬一頭には貨幣四枚を無法にも強奪するのだ。ところでその舟といえば小型で木の幹一本だけで作られており、馬を何頭も乗せることなどできない有様である。人が乗るときも川に落ちないように注意しなければならない。客は馬の手綱をとって舟の外、水の中に立ち、客が少ないときだけ舟に乗る。舟にあまり物を載せるとすぐひっくり返る。

こういうことが幾度もあった。渡し守が渡し賃を受け取ったあと、巡礼たちを多数乗せ過ぎ、舟が転覆して巡礼たちは溺れ死んだ。そこで船頭たちは死者たちの残した荷物を取ってほくそ笑んだ……。

さてスィーズの救護院のあるあたりは、バスク地方で、その大都会バイヨンヌは、北側が海に面している。この土地は言葉が野蛮で、森あり山あり、パン、ぶどう酒その他あらゆる食糧に乏しいが、ただしその代わり、りんご、りんご酒それに牛乳がある。

このあたりにはたちの悪い税吏が居る。すなわちスィーズ山地の救護院の近くオスタバと呼ばれる町、サン・ジャン、サン・ミシェル・ピエ・ド・ポールなどに居る。率直にいってこういう連中は地獄送りである。確かに彼らは二、三本の棒を持って巡礼たちの前を行き、不正な税金を強奪しようとする。もし旅人の誰かが彼らの要求通りに金銭を提供するのを拒絶するなら、彼らは棒でその人になぐりかかり、巡礼を罵り、下着の中まで探って税を強奪する。彼らは兇悪な連中で、彼らの住む土地も、森林や荒地は恐ろしい様相を呈している。彼らの顔付きは兇悪、そして話し方も同様に野蛮で、彼らを見る者をぞっとさせる。彼らは商品以外の貢物を常に強要するわけではないが、彼らは巡礼やすべての旅人に対して不正な徴収を行う。彼らは通常なら四ないし六スウくらいの税を支払うような貢物に対し、八ないし一二スウつまり倍額の税を徴収するのだ。

それゆえ、私たちはいつも、このような収税吏や、その租税の金を受け取るアラゴン王や他の金持たち、そしてその連中に味方する人たち、すなわちソリスのライモンドゥス、アクロモンテのヴィヴィヤヌス、サンクト・ミカエーレの子爵およびこれらの子孫のすべて、同時に前述の渡し守たちとグィニヤのライムンドゥスとその子孫、そしてまた、渡し守から渡し賃を不正に取り上げる前述の河川流域の諸侯、そしてまた以上の事実を知りながら彼らに悔悛および聖体の秘蹟を与え、そして彼らのために聖務を行い、あるいは彼らを教会に受け入れる司祭たち、そういう連中のすべてが、大衆の前で長期にわたって罪を償い、彼らの要求する貢の納入を軽減し、破門の判決によって打ち砕かれるよう、そしてその破門が、彼らの国の司教座に通告されるだけでなく、さらにサンティヤーゴの記念聖堂において巡礼たちの前で公にされるよう、私たちは切に要求するものである。そしてもし高位の聖職者が――誰であるとを問わず――親切気を起してまたは利益を考えて彼らを赦そうと望むなら、そういう人は破門の剣で打たれるがよい。

それらの税吏はいかなる方法によっても巡礼たちから税を徴収すべきではなく、渡し守は巡礼から貢物らしいものをどのような方法によってでも取るべきではない。渡し守は、二人の客を渡す場合は、客が金持なら小銭一枚だけ、馬一頭なら貨幣一枚だけしか要求してはならず、貧乏人には何も要求してはならない。さらにいえば、渡し守は、人々や彼らの乗物がゆったりと乗れるために、大型の舟を用意しておく義務があるのだ。

バスク地方では、サンティヤーゴ道はスィーズの山地（ポルトゥス・スィセーレ）と呼ばれる重要な山岳地帯を横切っている。それが重要だというのは、スペインの入口がそこにあるからであり、またその山地を通って重要な物資が一つの国から他の国へと輸送されるからである。その山地を越えるには、上りが八ミリアリヤ、そして下りも同じほどある。確かにこの山は高くて、天に届くかと思われるほどである。この山の上に登る者は、自分の手で天に触れることができると思うほどだ。頂上からはブルターニュや西フランスの海、そしてカスティーリャ、アラゴン、ガリヤ（フランス）の三国の国境[注4]も見渡せる。この山の頂にはカロルスの十字架と呼ばれる地点がある。というのはかつてカロルス大帝（シャルルマーニュ）が軍勢を率いてスペインへ進攻したとき、斧や鶴嘴《つるはし》の類などを用いて通路を切り拓き、次いで先ず象徴的に主の十字架を立て、しかるのち膝をついてガリスィヤの方を向き、神と聖ヤコブスとに祈りを捧げたその場所がここなのである。そこで巡礼たちがこの地点に辿り着くと、彼らはサンティヤーゴの地の方を向いて膝をつき祈りを捧げ、それぞれが十字架を楯のように突き立てる習慣がある。そこには千本をも数える十字架が見られる。この地点がサンティヤーゴへの巡礼路における祈りの第一地点とされるのは、そのゆえである。キリスト教がスペインに遍く広まる以前に、不信心なナバーラ人やバスク人がサンティヤーゴへ行く巡礼たちから荷物を剥ぎ取っただけでなく、彼らをろばのように扱ってその上に「馬乗り」になり、彼らを死に至らしめたのは、まさにこの山上においてであった。この山の近くの北側にカロルス谷と呼ばれる谷間があるが、カロルス大帝の戦士たちがロンセスバリェスで戦死したあと、大帝が軍隊と共に避難したのは、この谷である。またサンティヤーゴの巡礼者で山に攀じ登りたがらなかった多くの人たちが通ったのもこの谷である。

さて山頂を下ると救護院と聖堂がある。聖堂の中にはロトランドゥス（ロラン）の岩がある。これはこの超人的な英雄が剣で岩の中央を三度叩いて割ったといわれる、その岩である。その先を行くとロンセスバリェスがある。ここは、かつて大会戦があった所で、かつてマルスィルス（マルスィル）王、ロトランドゥスおよびオリヴェルス（オリヴィエ）がキリスト教とサラセン人の戦士四千人と共に戦死した場所である。この谷を過ぎると、ナバーラの土地に入るが、ここにはパン、ぶどう酒、牛乳、家畜に事欠かない。ナバーラ人とバスク人は似ていて、食にも衣にも言葉にも同じ特徴をもっているが、ただしバスク人はナバーラ人よりも顔が白い。

ナバーラ人は黒くて短い衣服を着ているが、服はスコットランド人のように膝までである。彼らはラバルカスと呼ぶ靴を履いている。この靴は毛がついたままの皮でできていて、それを革紐で足に縛りつけているのだが、それは足の裏を包むだけで、足の上側は素肌剥き出しである。彼らは暗色の羊毛のマントを着ている。それは肘まで垂れ、総《ふさ》がついていて、それが頭巾のようでこれをサイヤと呼んでいる。この連中の家は粗末で食べ物も飲み物も貧しい。ナバーラ人の家では家族全体が、下男も主人も、下女も主婦も、すべてが同じ鍋からごたまぜの食べ物を匙など使わずに手で食べる。飲むのも同じ盃で。彼らが食事をするのを見ていると、まるで犬や豚ががつがつ貪り食いをしているようだ。彼らが話をするのを聞いていると、犬どもが吠えているようだ。確かに彼らの言語は野蛮極まる。神をウルキヤ、神の母をアンドレヤ・マリヤ、パンをオルグィ、ぶどう酒をアルドゥム、肉をアラグィ、魚はアライン、家はエケア、家の主人はイアオナ、主婦はアンドレヤ、教会はエリケラ、神父はベラテーラ、これは美しい土地の意。麦はガリ、水はウリック、王はエレグイヤ、聖ヤコブスはヨアナ・ドムネ・ヤクエ。

彼らは他のあらゆる民族とは異なった野蛮な民族である。習慣も人種も。全く意地悪、色は黒、顔は醜く、ふしだらで邪悪、信用がおけず、不誠実、腐敗、淫蕩、酒呑み、あらゆる暴力の達人、兇悪で野蛮、不正直、欺瞞、背信、粗野、残酷、喧嘩好き、善き心に逆らい、あらゆる邪悪と不正とに長けている。彼らはゲタエ人[註5]やサラセン人に悪賢さにおいて似ており、ともかく我がフランス人の敵である。ほんの一文の金のためにも、ナバーラ人やバスク人は、可能ならばフランス人を一人殺す。彼らの国の或る地方、ビスカイヤおよびアラバでは、ナバーラ人たちが暖を取るときは、男は女に、女は男に、隠すべきところを見せる。ナバーラ人は恥じらいながらも獣姦をする。噂によるとナバーラ人は自分の牝ろばや牝馬に、自分以外の他の人たちが楽しまないように、錠をかけるという。女は牝ろばのように男の淫楽に委ねられる。

それゆえ、事情を知る人は誰でもナバーラ人を非難するのである。しかし彼らは戦場では見事に戦う。とはいえ、要塞を攻撃するときは悪人である。十分の一税を払うときは規則に従い、祭壇に寄進するときは習慣を守る。そこで、毎日教会へ行くときは、ナバーラ人は神にパン、ぶどう酒、小麦あるいは他の物を献じる。ナバーラ人やバスク人は、どこへ行くときも猟師として首に吊り下げる角を持参し、さらにアウコーナ[註6]と称する投槍を二、三本手に持つ習慣がある。家に入るとき、家に戻るときは、鳶のように口笛を吹く。秘密の場所に潜んだり、待ち伏せのために一人で隠れていたり、声を立てずに仲間を呼んだりするときは、彼は梟《ふくろう》の鳴き声を真似たり狼のように唸ったりする。

誰もが等しくいうことだが、バスク人はスコットランド人と同じ種族の出だそうだ。というのは両者の習慣や目鼻立ちが似ているからである。ユリウス・カエサルは、人のいうところでは、スペインに三つの種族を送り込んだそうだ。つまりヌビヤ人、スコットランド人、および有尾のコルヌアーユ人[註7]の三族である。それは、彼に税を払うのを拒んだスペインの人たちに戦をしかけるためであったといわれる。皇帝はこれらの三部族に、男性はすべて剣で殺すことを命じ、女の命だけは赦すことにしたという。前述の民族はいずれも海から渡来してこの土地に上陸したのだが、自分たちの舟を破壊したあと、バルセローナからサラゴッサ、そしてバイヨンヌからオーカ山地[註8]までを鉄と火とを使って完全に荒廃させた。彼らは、カスティーリャ人たちが力を合わせて彼らを領地から追い出したので、それ以上に進出することができなかった。そこで彼らは退却して、ナヘラおよびパンプローナとバイヨンヌとの間にあるマリノス山地に到達し、海の側からビスカイヤおよびアラバ両地方[註9]に入ってそこに定着し、多数の砦を造り、土地の男たちを皆殺しにし、その妻たちを力ずくで奪い取り、子供を産ませ、それが後にナバーラ人と呼ばれるようになった。ナバーラの名称は「ノン・ヴェールス」[註10]という名称によって説明される。つまり彼らは純粋な種族ではなく、合法的な血統をもつものでもないのである。それにナバーラ人の名称は最初はナッダベールという町の名からきたものであって、この名称は彼らがもと住んでいた地方の町の名からとったものである。この町は、古くから、使徒であり福音書家であった福者マテウス（マタイ）の布教によって神の教えに改宗したのである。

さて、この地方を後にして、オーカの森を横切り、スペインの土地はブルゴスの方向へと続く。つまりカスティーリャとその田園である。この国はまことに裕福で金銀に満ちている。家畜の飼料と強健な馬を豊かに生産し、パン、ぶどう酒、食肉、魚、牛乳、蜂蜜なども豊富である。とはいえ森林がなく、ずる賢い悪者がうようよしている。

続いてレオン地方、イラーゴ山やセブレーロ山の峠を過ぎるとガリスィヤに入る。ここの田舎には森が多く、河川で潤され、野原やよい野菜畑に恵まれている。果物がおいしく、泉は澄んでいる。しかし町や村、耕地は少ない。小麦のパンとぶどう酒は豊かではない。ただしライ麦のパンとスィーケラ、[註11]家畜、乗用獣、牛乳、蜂蜜は豊かである。海で獲れる魚は大型だが収穫量は少ない。[註12]金、銀、織物、森の動物の毛皮、その他の幸に恵まれている。サラセンの贅沢な宝物も多い。

ガリスィヤの民衆は、スペインの他の不信心の民衆と較べると、その習慣は我がフランスの人々に最も近いが、彼らは怒りやすく屁理屈が大好きだという評判である。

註
1 ともに栗の一種。
2 野豚か。
3 現在は、バイヨンヌ東方約四〇キロ、オロロン川の急流に臨む寒村ソルド・ラベイで、修道院の廃墟があり、聖堂の床モザイクが特に有名である。
4 当時ナバーラ地方はアラゴンの王国に属していた。
5 古代ギリシヤ北部のトラキヤ人。
6 現在のカスティーリャ語ではアスコーマ。
7 ブルターニュ南部またはイングランド南西部コーンウォール州の住人。
8 ブルゴス東北方。
9 ともにバスク地方のスペイン側でビルバオおよびビトーリャが中心。
10 「本物ではない」の意。

11　サイダーの類か。

12　あるいは大小の魚が獲れるの意か。

第八章　参詣すべき街道沿いの諸聖人の墓所、聖エウトロピウスの受難

先ず最初に、サン・ジルの道を通ってサンティヤーゴへ行く人たちは、アルルを訪ねなければならぬ。ここには福者にして信仰告白者なるトロフィムス[註1]（仏名トロフィーム）[註2]の遺骸がある。聖パウルスがティモテウスへの書簡[註3]の中でその思い出を語ったトロフィムスはこの人であり、さらにまたこの同じ使徒パウルスによって司教に叙され、この町に最初に派遣されてそこでキリストの福音を説いたのも彼である。教皇ゾスィムス[註4]によれば、ガリヤの全土を潤した信仰の流れは、この澄み切った泉にその源を発しているのである。彼の祝日は十二月二十九日である[註5]。

次に司教にして殉教者である福者ケサリウスの遺骸にも詣でなければならない。彼はこの町で修道女の規則を確立した人で、その祝日は十一月一日である。

同じアルルの町の墓地では、司教聖ホノラトゥウス[註6]の聖遺物を探さねばならない。彼を祝う荘厳聖祭は一月十六日に行われるが、その場所は、聖なる殉教者ゲネスィウス[註7]の遺骸の憩う貴く壮麗なる記念聖堂で

ある。

アルルの郊外、ローヌ川の二つの分流の間にトランクターユなる町があり、そこに見事な大理石柱が立っている。[註8] それが、福者ゲネスィウスが斬首されるまで邪悪な賤民が彼を縛りつけていた柱だといわれる。今日でもなお、この柱には、彼の鮮血の黒ずんだ痕が見られる。この聖人はといえば、首を斬られたあと、すぐそれを両手に抱えてローヌ川に投げ込んだ。遺骸は川の流れによってサン・トノラの記念聖堂まで運ばれ、そこでいとも尊き墓所を与えられたのであった。彼の頭といえば、ローヌ川を流れ下って海に達し、さらに天使に導かれてスペインのカルタヘーナに至り、そこで栄光に包まれて憩い、数多くの奇蹟を行った。彼の祝日は八月二十五日である。

さて次にアルル近郊ではアリスカン[註9]と呼ばれる場所にある墓地を訪れねばならぬ。そして習慣に従って祈り、詩篇をとなえ、施しをするなど、死者のためにとりなしの行為をする。この墓地は前面と奥行がともに一マイルある。大理石の墓がこれほど多く、地に並ぶ墓石がこれほど大きい墓地は他にはない。墓石の細工はまちまちで、ラテン語が刻み込まれた古代の銘文が見られるが、その意味は読み取れない。そこから遠ざかるに従って石棺の列が長く見える。

この墓地には聖堂が七つある。それらの一つ一つで、司祭が死者たちのために聖体の秘蹟を行い、信徒が死者たちのためにミサを挙げてもらい、あるいは聖職者がそこで詩篇を誦したりするが、最後の復活の時が来れば、これらの敬虔な死者たちが神のみもとにあって、人が救済を得るのを助けてくれるに違いない。確かに、そこに憩っている聖なる殉教者や信仰告白者の遺体の数は多く、彼らの霊魂は極楽の喜びの中にましますのである。こういう人たちを記念する祝祭は、復活祭後の八日を過ぎた月曜日に行われるのが慣わしである。

以上に加えて、聖エギディウス[注10]の貴き遺体に心からの敬意を込めて詣でなければならない。彼は敬虔なる信仰告白者であり司祭である。彼は世界のあらゆる国々で有名であり、万人によって尊敬され、万人によってしかるべき名誉を与えられ、愛され、祈願され、懇願されるにふさわしい人である。確かに彼は、他のいかなる聖人よりも前に、加護を願う不幸な人たち、苦しむ者や悩む人たちを救いに駆けつける習慣をもつ人物であった。彼の墓を訪問することは、何と美しく有益なことか。人が心から彼に祈るなら、その日のうちに願いが叶うことは疑いない。私は、自分の提言したことについて私自身、次のような経験をした。私はかつてこの聖人の町で或る人物に出会ったが、彼はこの聖人に祈願したまさにその日に、この至福なる聴罪者の守護のおかげで、難を免れたという。彼はペイロとかいう名の靴職人で、彼が聖人に祈りを捧げたそのあとに、ひどく老朽化していた彼の家が崩れ落ちて完全に壊れてしまったのだ。この男以上にこの聖人の側で時を過ごす者がいるだろうか。彼のいとも聖なる記念聖堂で、誰が彼以上に神を崇めるだろうか。誰が彼にも増して聖なる墓に口付けをするか。誰が彼の貴い祭壇に接吻し、誰が彼のいとも敬虔な生涯の物語をするだろうか。一人の病人がこの聖人の衣をまとうと病が癒される。尽きることのない彼の徳によって、蛇に咬まれた男がなおる。悪魔に憑かれた別の男が救われる。海の嵐が鎮まる。テオクリトゥスの娘は長い間の願いが叶って病気がなおる。体全体が病に冒された男が、長い間望んでいた健康を取り戻す。それまで荒々しかった牝鹿が彼の命令でおとなしく役を務めるようになる。この聖者を守護者とする修道院が発展する。悪魔憑きが悪魔から解放される。カロルス大帝の犯した罪が天使によって聖者に啓示され、彼のおかげで帝の罪が赦される。ある死者には生命が返され、ある不具者が健康を取り戻す。さらに、聖なる使徒たちの像が彫刻されていた糸杉の木の扉二枚が、ローマから、誰の手をも借りずに、至高の御業の力だけによって海の波に運ばれてローヌ川の港にまで運ばれる。私はこれらの記憶すべき貴い事々のすべてを語り尽くす前に死ななければならないのを残念に思う。このように偉大な出来事がたくさんあるのだ。ギリシヤからやってきたこのいとも輝かしい星が、その光でプロヴァンスの人々を照らしたあと、力を弱めずに強くなり、明るさを落とすことなく二倍も強く輝き、闇の中に沈むことなくオリンピヤの山上にまで昇ったのである。そして光は消えることなく鎮まっていき、逆にそれを取り巻くすばらしい衛星たちによって他の聖なる星々よりもいちだんと輝きを増す。この星は世界の四方を明るく照らすのである。この星は、九月一日の或る日曜日の真夜中になってその姿を消した。その時、天使の群れがその中央の高い座席にこの星を迎えた。このときゴート人の民衆は修道士たちとともに、ニームの町とローヌ川の間にある空き地に、彼の墓所を受け入れる栄光をもったのである。

彼の尊き遺骸の真上にある祭壇の背後に大きい黄金の遺物箱があるが、その左前面の第一段に使徒六人の像が刻まれており、その同じ高さの最上の場所に聖母マリヤが優れた彫刻によって表現されている。その上の二段目には黄道十二宮の十二の印が次の順序で並んでいる。すなわち牡羊、雄牛、双子、巨蟹、獅子、処女、天秤、天蠍、人馬、磨羯、宝瓶、双魚である。それらの中央に黄金の花が葡萄唐草のように絡みついている。上の段つまり三段目には二十四老人のうちの十二人の像が並び、その頭上には次の文が刻み込まれている。「ここに老人たちのすばらしき一団あり。彼らの数は十二の二倍、明るき響きのキタラ[註11]に合わせて優しき歌を歌う。」

遺物箱の右側面には、第一段目に同じく七人の像がある。六人の使徒に加わった七人目は、キリストの弟子の誰かである。さらに加えて使徒たちの頭上には、遺物箱のいずれの面にも等しく、女の姿を借りて、使徒たちの心の中の徳性すなわち善良さ、優しさ、信仰、希望、慈愛などが彫り込まれている。

右側面の第二段には花々が葡萄唐草のように刻まれている。その上方の三段目には、左側面と同様に、二十四老人のうちの十二人の像があり、彼らの頭上には次のごとき詩文が彫り込まれている。

「宝石と黄金にて飾られしこの貴重極まる器[註12]には、聖エギディウスの遺物納めてあり。これを破壊する者は、神によりてまた聖エギディウスおよびすべての聖会によって、永遠に呪わるるべし。」

遺物箱の屋根は、上部も側方も、魚の鱗のように飾られている。

さらにその最上部には、十三の水晶細工が嵌め込まれている。その一部は碁盤目状に、他はりんごかざくろの形を模して、大きい水晶が大型の魚、鱒のように彫られており、尾を上方に曲げて立っている。それらの水晶細工の第一のものは大型の壺のように作られた巨大なもので、そこに燦然として輝く貴い黄金の十字架が据え付けられている。

遺物箱の前面の中央には、黄金の輪があり、その中が私たちの主の聖座である。主は右手を挙げて祝福をし、左手で本を持つが、その本には「平和と真実を愛せよ」[註13]と記されている。主の御足が憩う足台には一つの金色の星が憩っていて、その足台の側面には二つの文字アルファとオメガが記されている。そしてその玉座の上では、二個の宝石が類なき輝きを放っている。四人の福音書家は翼を備え、主の玉座を囲んでいるが、そのおのおのの足元にそれぞれの福音書の最初の文章が順序に従って記されている。マテウス（マタイ）は人間の姿をして右上に、ルカス（ルカ）は牛の姿をして下に、ヨハンネス（ヨハネ）は鷲の姿をとって左上に、マルクス（マルコ）は獅子の姿をとってその下に刻まれている。主の玉座の側には二人のまことの天使が見える。右手にはケルビムの姿があり、その足はルカスの上に、そしてセラフィムは左側で、足はやはりマルクスの上にある。彼らは見事に彫刻されている。

あらゆる種類の宝石が二列に並んでいる。その一つは主のまします玉座を取り巻いている。他の宝石の列も同様に遺物箱の周囲を縁取り、三個の石が組み合わされて聖三位を表し、それらすべてが見事な一全体を構成している。

さらに卓抜な一人物が、金銀細工でできた自分の肖像を、聖なる信仰告白者への愛によって、遺物箱の祭壇側の脚に黄金の釘で固定させた。これは神の栄光を示すためで、今日でもなおそれを見ることができる。

遺物箱の他の面つまり後ろ側には、キリストの昇天が今でも見られる。その下段には目を挙げて主が天に昇るのを見る使徒たち。彼らの頭上には、次の文字が記されている。「おおガリラヤの人たちよ、汝らの中央から天に挙げられたイェススは、汝らが見たままの姿で戻るであろう。」[註14]

第二段には、他の六人の使徒たちが同じ姿勢で立っている。ただし金の柱が彼らを両側に離している。第三段では、主が黄金の玉座の上に立ち、さらにその玉座の右と左に二人の天使が立っている。彼らの手の一つは上を、一つは下を指している。

聖なる頭の上には、玉座の他に、一羽の鳩が神の上を飛んでいるように見える。最高所の第四段目には、また別の黄金の玉座の上に、四福音書家を伴った神の姿が見える。福音書家のうち、ルカスは牛の姿をして中央の下方に、マテウスは人の姿で上方に。他の側には、下方に北を向いて獅子の姿のマルクスが、そしてその上には鷲の姿のヨハンネスが。注意すべきは、玉座にまします大いなる神が、坐した姿ではなく立って背を南方に向け首を上げて天を見ていることである。右手を挙げ、左手には小さい十字架を持っている。このようにして彼は、天なる父に向かい、父は遺物箱の頂点で彼を迎えるのである。

信仰告白者にして至福なるエギディウスの墓はこのようなものである。この墓の中に彼の貴き遺骸が名誉に包まれて憩っているのだ。彼の遺骸を所有すると主張するハンガリヤ人は恥を知るべし。[註15] シャマリエールの修道士たちが聖人の遺骸をそっくり保有するなどと主張するのは、己を疑うべし。[註16] 彼の頭部を保有するとて得意がるサンクティ・セクアニ（聖なるセーヌ川の住民）の人たちは恥を知るべし。また彼の遺骸のすべてを所有すると自慢するコタンタン半島のノルマン人は不安に戦くべし。[註17] なぜなれば、彼の聖なる遺骨がこの地の外に運び出されたことはありえないし、これは多数の人々の意見なのである。かつては、この尊き信仰者の本物の腕をエギディウスの祖国の外にひそかに持ち出して遠い海辺に運ぼうとする試みがあったが、ともかく人々がそれを実行することは不可能だったのである。

石棺からその遺骸を運び出すことのできなかったといわれる聖人は四人いるといわれる。ゼベデアの息子聖ヤコブス、福者なるトゥールのマルティヌス、リムザン地方のレオナルドゥス、およびキリストの信仰告白者なる福者エギディウスで、このことを信じさせる多くの証言がある。人の語るところではガリヤの王フィリップスはかつてフランスにあるこれらの遺骸を持ち去ろうとしたが、それらを石棺から出させるのに成功しなかった、という。

トゥルーズの道を通ってサンティヤーゴへ行く者は、信仰篤き福者グィリエルムスの遺骸を訪ねなければならぬ。このいとも聖なる旗手グィリエルムスは、カロルス大帝の側近の大名であった人で、只者ではなく、極めて勇敢な戦士、戦術の達人であった。人の言によると彼はその勇猛果敢な戦術によってニームおよびオランジュその他をキリスト教の支配下に入れ、神の十字架をジェローナ渓谷にもたらしたという。そして彼はこの地で隠修生活を送り、そこで至福なる生涯を終えたあと、名誉に包まれて憩っている。彼の祝日は五月二十八日である。

同じ巡礼路では、ティベリウス、モデストゥスおよびフロレンティウスの至福なる殉教者たちの遺骸を訪ねなければならぬ。彼らはディオクレティヤヌスの時代にキリストへの信仰のためにさまざまの苦難のあと殉死した人びとである。彼らはエロー地方の川岸の極めて美しい墓地に憩っている。その祝日は十一月十日である。

同じ旅路ではまた、至福なる聖サトゥルニヌスのいとも聖なる遺骸を参拝せねばならぬ。彼はトゥルーズの町のカピトールの丘で異教徒たちに捕えられ、荒れ狂う牡の野牛に縛り付けられたあと、カピトールの要塞の上から突き落とされ、千歩の距離の石の階段を墜ちて頭は打ち砕かれた。彼の脳髄は頭から飛び出して身体はちぎれ砕け、彼はその魂を堂々とキリストに捧げたのである。彼はトゥルーズの町の近くの美しい場所に埋葬された。そして彼を慕う信徒たちによって、そこに巨大な記念聖堂が建設された。そこでは聖アウグスティノ会の修道士たちの会則が遵守されており、神の恵みがそれを願う多くの人々に与えられるのである。彼の祝日は十一月二十九日である。

同じくル・ピュイを通ってサンティヤーゴへ赴くブルゴーニュ人およびテュートン人は、聖女フィデス[註22]の遺物を拝まねばならぬ。彼女は処女にして殉教者であり、その魂は聖性に満ち溢れ、彼女の獄吏がアジャン[註23]の町の丘で彼女を斬首したあと、彼女は天使の群れに囲まれ鳩の姿になって天に上げられ、不朽の月桂樹の冠を戴いたのである。アジャンの司教にして福者なるカプラスィウスは、激しい迫害から逃れるために、洞窟の中に身を隠し、月桂樹の冠をかぶった鳩を見て、殉教に耐える勇気を与えられ、聖女苦難の地に赴き、勇気ある戦の末に殉教の栄冠を獲得し、刑吏の緩慢さを叱りさえしたのであった。

ところでこの処女にして殉教した福者フィデスの貴き遺骸は、俗にコンクと呼ばれる谷間に栄誉をもってキリスト教徒たちに埋葬された。そしてその上に美しい記念聖堂が建てられた。そこには、神の栄光のために、今日に至るまで、聖ベネディクトゥスの規則がこの上なく忠実に守られている。健康な人たちにも病人たちにも、多くの聖寵が下されている。聖堂の入口の前には、清らかな泉が流れ出て、その御利益は言葉ではいえないほど有難いものである。十月六日にその祝祭が行われる。

さて次に、サン・レオナール[註23]を過ぎてサンティヤーゴへ向かう道では、先ず当然のことながら福者マリヤ・マグダレーナのいとも貴き遺骸が参拝されなければならない。彼女は、癩者スィモンの家で救世主の御足に涙を流してこれを髪で拭き、さらにそれを貴き香油で濡らしてこれに接吻した人であって、そのゆえに彼女の数多き罪は浄められたのである。なぜなら、彼女はすべての人たちを愛した贖罪者イェスス・キリストを深く愛したからである。というのは、主の昇天後、彼女はイェルサレムの海域を離れて、キリストの弟子の福者マクスィミヌスや他の弟子たちと共に海を渡ってプロヴァンス地方に渡りマルセーユの港に上陸した。彼女はまさにそういう人であった。

この土地では、彼女は隠修士的な生活を何年もして、最後にはエックスの町に埋葬された。というのはあの同じマクスィミヌスがこの町の司教になったからである。しかしその後長い年月が経ったあと、修道生活で聖人となったバディロヌスという名の人物が彼女の貴重な遺物をこの町からヴェズレーまで運び、そこでその遺物が墓に納められて今日人々の崇敬を集めている次第である。この地において壮大かつ美麗極まる記念聖堂と修道院が建設された。ここで罪人たちは聖女の愛のおかげで神に赦され、盲人には視力が返され、唖には言語が取り戻され、跛の人たちは真っ直ぐに立ち、悪魔憑きは癒され、その他、言いようのない幸福が多くの信徒に与えられたのであった。彼女の荘厳なる祝祭は七月二十二日に行われる。

さらにまた、聖にして至福なる信仰者レオナルドゥス[註25]の聖骸をも訪ねなければならない。彼はフランク族の極めて貴い家柄の出で、王室に召されたが、至高なる神への愛のゆえにこの汚れた罪の世を諦め、長い間リムザン地方のノブラ[註26]において隠修士の生活を送った。しばしば断食を行い、寒さ、裸身、前代未聞の苦行などを繰り返して経験しつつ夜を送った。そして最後に聖なる死を迎え、自分の所有する土地で憩うことになった。彼の聖なる遺物はこの土地を離れることはなかった。

コルビニー[註27]の修道士たちはこの聖レオナルドゥスの遺骸を所有すると主張するが、彼らは恥知らずである。聖人は、最も小さい骨の断片も灰も、私たちがすでに述べた通り、他人に持ち去られたことは全くあり得ないのだ。コルビニーの修道士たちも他の多くの人々も、彼の善行や奇蹟の恩を蒙ってはいるが、彼の身体のものは保存していないのである。そこで彼らはレオタルディスとかいう人物の遺体を聖レオナルドゥスの遺体と称して敬っている。彼らによれば、それは銀の遺物器に入れてアンジュ地方からもたらされたものだそうだ。彼らは聖人の死後その名を変更することまでしている。あたかも再度洗礼を受けたかのように。彼らは聖レオナルドゥスの名を無理にレオタルディスに押し付けているのだが、それはリムザンの聖レオナルドゥスの名があまりにも偉大かつ有名だったので、そこへやって来る巡礼たちが供え物をたくさん持ってくるだろうという目論見があったからだ。祝祭は十月十五日に挙行される。先ず人々は聖レオナルドゥスを彼らの記念聖堂の守護者としたあと、次にもう一人をそれに代えた。それはあたかもねたみ深い奴隷たちが暴力で自分たちの主人からその財産を奪い取って、それを不当にもよその人物に与えた、といったようなものだ。それはまた、自分の娘をその夫から奪い取って彼女を別の男にやるようなものである。詩篇の作者もいう。「彼らは光栄の主を雄牛の像に変えた」[28]と。そのように行動する人たちを非難して、ある賢人はいう、「汝の名誉を他人に渡すな」[29]と。異国の信者も土地の信者も、そこへ行けば自分たちの敬愛するリムザンの聖レオナルドゥスの遺骸を見たことになると信じ、知らずして人違いをするのである。コルビニーで奇蹟を行った人物が誰であれ、ともかく虜囚を解放するのはリムザンの福者レオナルドゥスである。この教会の守護者が取り替えられたとしても。虜囚をこの地に連れてきたのは彼である。それゆえコルビニーの人々は二重の過ちを犯しているのである。つまり彼らは、奇蹟によって自分たちに快く恩恵を施してくれる人を認めず、その祝祭をも行わず、その代わりに別人を崇敬するという間違いをしているのである。

かくて神の叡智は、至福なる信仰者リムザンのレオナルドゥスの栄光をすでに全世界に広め、彼の強力な仲介は、牢獄から数千の虜囚を解放したのである。彼らを繋いでいた鉄の鎖は筆舌に尽しがたいほど残酷なものであったが、それらは数千となく集められて、聖堂の右にも左にも中にも外にも吊り下げられ、かくも大いなる奇蹟を証拠立てている。かくも大きく野蛮な鉄の金具が吊り下がっている柱の並び立つのを目にするとき、人は筆舌に尽しがたい驚きを感じるのである。よく見ると、鉄の手錠、首枷、鎖、足枷、さまざまの道具、罠、錠、くびき、兜、鎌槍、さらに強力なキリスト教徒が力を用いて捕虜たちを救出した時に用いたさまざまな道具類。キリストにおいてとくに注目すべきことは、彼が目に見える人間の形をとって牢獄に繋がれている人の前にいつも姿を現したことである。それが海の彼方でもそうであったことは、彼が神力によって救出した人々が証言するところである。彼によって、かつて聖なる預言者が言ったことが見事に成就したのである。預言者は言う。「いくどか彼は、闇の中そして死の影の中に蹲る人たちや、苦難と鉄具に繋がれた人たちを救った。その人たちが苦悩の中に落ち込んでいる時に彼に加護を祈ると、彼はその人々を苦しみから救い出した。彼は人々を邪悪な道から引き出した。というのは、彼は青銅の扉を打ち潰し、鉄の棒を折り、足枷を嵌められた人を救出し、鉄の手錠をかけられた多くの偉人を救ったからである。」確かにキリスト教徒たちは、ボアムンドゥス[註30]のように鎖に繋がれて異教徒の手に渡され、彼らを憎む人たちの奴隷となった。彼らの敵は彼らを苦悩に陥らせ、彼らに屈辱を与えた。しかしこの人物はしばしば彼らを救い暗闇や死の蔭から彼らを引き出し、鎖を断ち切ったのである。鎖に繋がれた人たちに「外に出よ」と声を掛け、闇の中の人に「明るみに来よ」と言った。彼の祝祭は十一月六日に行われる。

聖レオナルドゥスの次は、福者フロントニウスの町ペリグーを訪ねなければならぬ。彼は司教にして信仰告白者、使徒聖ペトルスによってローマの司教に任じられ、ゲオルギウスなる司祭と共にこの町に布教すべく派遣されたのである。

彼らは一緒に出発したのだが、ゲオルギウスは途上で亡くなり埋葬された。そこで福者フロントニウスは使徒のもとに戻って同伴者の死を報告した。そのとき聖ペトルスは彼に自分の杖を渡してこう言った。「汝がこの私の杖を汝の友の体の上に置くとき、次のごとく唱えよ。――汝が使徒より与えられた使命を果すために、キリストの名において身を起し、それを遂行せよ――」。事は成された。使徒の杖のおかげで福者フロントニウスは帰る道すがら、他の世界から戻って来た友人と再会し、その説教によって町をキリストの教えに入らせたのである。彼は数多くの奇蹟によって名を挙げ、その町で聖なる死を迎え、彼の名を冠して建てられた記念聖堂に埋葬され、そこで神の寛容なる御心により、懇願する人たちに多くの恵みを施した。彼はさらにキリストの弟子たちの集まる会にも加わっていたという。彼の墓は他のどの聖人たちの墓とも似ていない[注31]。確かにその墓は聖墓聖堂[注32]に似た円堂の形にていねいに建立され、その美しさにおいて他の聖人たちのあらゆる聖堂に優っている。彼の祝祭は十月二十五日に厳かに行われる。

さて後に戻り、トゥールの道を通ってサンティヤーゴへ行く人たちにオルレアンへ行き、聖十字架聖堂で、聖十字架の木および、司教にして信仰告白者なる聖エヴルティウスの聖杯を見るように勧めよう。

ある日、聖エヴルティウスがミサを挙げているとき、神の手が祭壇の上の宙に現れた。それは参列者には人の手のように見えた。そして司祭が祭壇の前でやっていることはすべて神の手も繰り返していた。司祭がパンと聖杯の上で十字の印をすると、手も同じことをした。司祭がパンと聖杯を高く掲げると、神の手も本物のパンと聖杯を掲げた。聖なる犠牲の式が済むと、主のいとも聖なる手は消えた。このことからして私たちは、司祭がミサを誦する時はいつもキリストが自らミサを誦するのである、ということを知らなければならない。

それゆえ学者なる聖フルゲンティウス[注33]も言う。「キリストの体と身の犠牲を捧げるのは人間ではない。私たちのために生け贄になったイェスス・キリスト彼自身なのである。」そして聖イスィドルスは自らの考えを次のように述べている。「犠牲がよりよきものであるのは、聖なる司祭の聖性のゆえではないし、それがよりよくないならば、それは悪人の悪意のゆえでもない。」

聖十字架教会では、この聖杯は聖体拝領を希望する信徒のためならいつでも用立てることができる。信徒が土地の人であろうと異国の人であろうと。

この町ではまた、司教にして信仰告白者である福者エヴルティウスの遺物を拝みに行かねばならぬ。そしてやはりこの同じ町で聖サムソンの聖堂に最後の晩餐で本当に用いられたパテナ（聖皿）を見に行かねばならない。

さらにこの道中では、ロワール河岸にある司教かつ信仰告白者なる聖マルティヌス[注34]の真の遺骸を訪ねなければならぬ。彼が三人の死者を見事に復活させ、癩者、悪霊憑き、不具者、狂人、魔物憑きその他の病人たちに健康を取り戻してくれたのは、この場所だからである。

トゥールの町の近くに彼の貴重な遺物の憩う遺物箱があるが、それは、黄金、銀および宝石で豊かに輝いており、度重なる奇蹟によって有名である。その箱の上に巨大な尊い記念聖堂が彼の名誉を称えて堂々と建立されたが、それはサンティヤーゴの聖堂を模したものであった。病人たちはそこを訪れそこで癒され、悪魔憑きは救われ、盲人は見えるようになり、跛者は真っ直ぐ立ち、あらゆる種類の病気は癒され、恩寵を求める者はすべて完全な慰めを与えられる。かくて彼の栄光は至る所に広がり、正当な称讃を受け、キリストの栄誉をなす。彼の祝祭は十一月十一日に行われる。

次には司教にして信仰告白者なる福者ヒラリウス[註35]の聖なる遺骸で、彼のためにポワティエの町を訪れなければならぬ。神の聖寵に満たされたこの聖人の奇蹟の中でも、とくに異教徒アリウス派を撃破し信仰の統一を守ったことである。しかし異教徒レオはこの聖人の教えを受け入れることを望まず、宗教会議から脱け出て便所へ入り、下痢をして見苦しい死に方をすることになる。聖イラリウスは宗教会議に席を得ようと望んだが、大地が奇蹟的に持ち上がって彼に席を提供した。彼の一声によって宗教会議場の扉を閉めていた錠が壊された。カトリック信仰のためにフリズィヤ[註36]の島に四年間追放された。この島で、彼は自分の力で無数の蛇を追い払った。ポワティエで、二重の死によって早死した子供を前にして涙にむせぶ母親に、子供の命を返してやったのも彼である。

かくてこそ、彼の尊ぶべきいとも聖なる遺骨の憩う墓が金銀宝石で豊かに飾られているのである。巨大壮麗な彼の記念聖堂は、度重なる奇蹟に恵まれてきた。彼の祝祭は一月十三日に荘厳に執り行われる。

さてまた次に、洗礼者聖ヨハンネスの尊き頭にも詣でなければならぬ。それは、イェルサレムからポワトゥ地方のアンジェリ[注37]なる場所に修道士たちによって運ばれた。その地で、彼を守護者にした巨大な記念聖堂が建設された。そのいとも聖なる頭は、その場所で、百人もの修道士たちの一団によって夜となく昼となく礼拝され、多数の奇蹟によって名をあげた。彼の頭が陸地や海を運ばれて行くときは、さまざまの奇蹟が現れた。海ではいくどもの嵐が追い払われ、陸地では、その移送の記録によれば、多数の死者が蘇ったという。かくてこそそれが崇めるべき先駆者の真の頭であったことが信じられるのである。それが発見されたのは皇帝マルキヤノス[注38]の時代の二月二十四日であったが、そのとき「先駆者」は先ず二人の修道士に彼の頭のひそかに埋まっている場所を教えたのである。

サンティヤーゴへの途上では、巡礼たちはサントで司教で殉教者となった聖エウトロピウス[注39]の遺骸に謹んで詣でなければならぬ。彼のいとも聖なる苦難は、彼の同伴者でパリ司教となった聖ディオニスィウス[注40]によって語られた。ディオニスィウスはこの物語を、教皇聖クレメンスの仲介で、ギリシヤのすでにキリスト教に改宗していた両親に送った。この受難記は、私はそれをコンスタンティノポリスのギリシヤの学校で見つけたのだが、それを記した本には数多くの聖なる殉教者の受難が書かれている。それで私は我らが主なるイェスス・キリストとその弟子にして輝かしい殉教者であるエウトロピウスの栄誉のために、これをギリシヤ語からラテン語へと最善を尽して翻訳した。その文の始まりは次のごとくである。

フランク人たちの司教、ただしギリシヤ人の出であるディオニスィウスより、いと尊き教皇クレメンスへ、キリストの御名において挨拶を送る。私たちは貴方に次のことを知らせる。キリストの名を教え拡めるために貴方が私と共にこの海域に派遣したエウトロピウスは、主への信仰のゆえに、サントの異邦人の手によって殉教者の冠を与えられた。それゆえにこそ私は、彼の受難の書をできるだけ早くギリシヤとくにアテナイ地方にいる我が両親や知人たちや親しき友人たちに送るよう、貴方の慈父の心に恭しく御願いするのである。それは、そういう人々や、かつて私と共に聖パウルスからこの新生の洗礼を受けた人たちが、この偉大な殉教者がキリストのために残酷な死を体験したことを知るためである。私たちは、彼の名のために苦痛や拷問を受けることを喜びとしたいと思う。そしてもしも異邦人の怒りが彼らに何らかの殉教を強いたとすれば、彼らはキリストのために辛抱強くそれを受け入れるべきことを悟りそれを怖れぬであろう。確かに、キリストの内に信仰深く生きようと思う人々は皆、不信の徒や異教徒たちの汚辱に耐えて、彼らを狂人や無分別の徒として軽蔑しなければならぬ。なぜなら、私たちは神の王国に入るためには無数の苦悩に耐えなければならないからである。

肉体的には貴方から離れるが、我が望みにおいてそして我が魂によって貴方のすぐ側にいる私は、いま貴方に永遠の別れを告げる。

司教にして殉教者なるサントの福者エウトロピウスの受難記ここに始まる。

キリストのいとも輝かしき殉教者、ペルシヤの貴族の出にしてサントの心優しき司教なるエウトロピウスは、全世界の中で最も優れた民族の出であった。クセルクセスなる名のバビロニヤの王とその王妃グイヴァが肉体に拠って彼を生んだのである。彼以上の高貴な出の人物は居らず、彼の入信後、信仰と行動において彼に優る謙譲の人は居ない。彼は未だ全く若少であったとき、カルデヤおよびギリシヤの文字を学び、その叡智および好奇の心において王国全土の第一級の人たちに引けをとらず、国王ヘロデの宮廷に関心をそそる未知のものが何かありはしないかと思って、ガリラヤの王のところに赴いた。王の宮廷に止まること数日、救世主の奇蹟の噂が彼の耳に入り、彼は町から町へと訪ね歩いた。そしてティベリヤスと呼ばれたガリラヤの湖の彼方に主が行かれ、その奇蹟に惹かれて無数の群衆が主の後に従ったので、彼もまたその後に付き始めた。

さて神の聖寵のおかげで、救世主は言葉では尽しがたい寛容な心をもって、彼の側に集まった五千人の民衆を五片のパンと二匹の魚で満腹させた。この奇蹟を目撃したエウトロピウスは、それまでも主の他の奇蹟の話を耳にしてすでに主を多少とも信じていたので、主に話しかけようと思ったが、その勇気が出なかった。というのは、彼は彼の父なる大官が彼の護衛に当たらせた彼の師ニカノリスに叱責されるのを恐れて、敢えてそうしなかったのである。とはいえ彼は聖寵のパンに心満たされてイェルサレムに赴き、神殿に入って異教徒の方式で創造主を拝し、そのあと彼の父親の家に戻った。そして彼は自分が訪ねた土地で注意深く目撃したことのすべてを語った。彼は言う、「私はキリストという男を見ました。彼は世の中に類の無い人です。彼は死者を蘇らせ、癩病人を潔め、盲人に視力を聾者に聴力を与え、不具者にかつての力を、あらゆる病人に健康を与えます。さらに加えるなら、私は目の前で彼が五千の人たちを五個のパンと二匹の魚で養うのを見ました。その残りで、弟子たちは十二個の籠を満たしました。彼は彼の居る土地から飢饉、気候不順、集団死などを追い払いました。もしも天と地の創造者が彼を私たちの国へ送り込まれるならば、主よ、彼に多くの名誉を与え給え。」

以上の言葉や他の同様の言葉を息子が語るのを聞きながら、国王は黙したまま、この人にいかにして会うことが出来るのか、考えた。それから少し経って、息子は、国王から許可を得ると直ちに、我らが主に会おうとしてイェルサレムへ行ってそこの寺院で信仰の務めを果すことにした。彼は軍隊の長なるワラダック、王の家令にして自らの教師なるニカノリス、さらに大官が護衛のために派遣した多くの貴族たちと一緒だった。或る日、寺院からの帰り、彼は、我らが主がラザルス（ラザロ）を復活させたあとベタニヤから帰るのを見た。イェルサレムの門では主の前に無数の群衆が群がっていた。ヘブライ人の子供たちや他の国々の多数の群衆が主の方に向かい、花々、椰子やオリーヴその他の木の枝を、彼らのついて行く道に撒き散らし、「ダヴィデの息子よオサンナ」と呼ぶ。そういう情景を見て、エウトロピウスは言うに言われぬ喜びを感じ、自分も懸命になって足元に花を撒きはじめるのだった。そうして人々は、キリストが四日前に死んだラザルスを復活させたことを彼に伝えると、彼は大いに喜んだ。しかしこのとき、あまりにも多くの人たちが群れをなして駆けつけたために、彼は救世主の姿をよく拝することができず、深い悲しみに陥った。

彼は確かに、ヨハンネスが福音書の中で証言しているような人々と共にその場に居合わせたのである。

福音書に言う、[註41]「さてその祝いの日に彼を拝みに来た人たちの中に異邦人が来ていた。彼らは、ベトサイダの町から来ていたフィリップスに話しかけて言った。『客人よ、私たちはイェススをよく見たいのだ。』するとフィリップスはアンドレアスと共にそのことを主に言いに行き、」直ちに福者エウトロピウスとその仲間は、主と対面し、大いに喜び、密かに彼を信ずるようになった。そしてついにはキリストと完全に結ばれるにいたったが、彼は同伴の仲間たちの非難が心配であった。というのは、彼の父が、彼らにエウトロピウスをしっかりと守り彼を連れて戻るようにときびしく命じていたからである。

するとある人たちが、近いうちにユダヤ人たちが救世主を殺そうとしているということを彼に教えた。彼はこのように偉大なる人物が死ぬのを見たくなかったので、その翌日イェルサレムを去った。

彼は父の側に戻り、自国のすべての人たちに、イェルサレムの地域で救世主に関して彼の見たもののすべてを順序よく語った。そして彼は、救世主の側にいつも付いていることを希望し、また主がさらになお人間として生きることを信じていたので、バビロンにはわずかしか止まらずに、四、五日後、父の知らぬ間に従者一人を連れてイェルサレムに戻った。しかし間もなく彼は、彼の密かに敬愛する主がユダヤ人によって十字架刑に処せられ死んだことを知った。彼はそのために深く悲しんだ。しかし、主が死者たちの中から復活して弟子たちの前に現れ、堂々と天に上ったことを知り、彼は大きい喜びに満たされたのである。

さて聖霊降臨の日、我らが主の弟子たちと一緒になったとき、弟子たちが息せきこんで彼に言うのに、聖霊が舌の形をして彼らの上に降り、彼らにあらゆる言語を教えたと。彼は聖霊に満たされてバビロンに戻り、キリストへの愛に燃え、キリストを殺すことによって恥辱をイェルサレムに撒き散らした連中のことを思い出しながら、バビロンの地で出会ったユダヤ人たちを剣で殺したのである。そしてそれから間もなく、主の弟子たちが世界各地に赴いている間に、神の愛によって信仰に輝く二本の光すなわち主の使徒であるスィモンとタデウスがペルシヤに派遣された。当時バビロンではザロエンとアルファクサットという二人の魔術師がいて、空しい言葉と奇蹟を用いて信仰心ある民衆を迷わしていたのだが、その魔術師たちをこの国から追い払ったあと、これらの使徒たちはすべての人たちに永遠の生命の種子を配り、あらゆる奇蹟を行ってその名を挙げ始めることになった。

その時、幼き聖エウトロピウスは、彼らの到来を歓び、国王に異邦人の過失や彼らの偶像を放棄してキリスト教の信仰を受け入れることによって神の王国に入る資格を得るよう、懇願したのだった。それ以上に望むことはあろうか。使徒たちの説教を聴いた国王親子およびバビロンの大多数の住民は、使徒たちの手によって洗礼を受け、そのおかげで生れ変った。そしてそのあと町全体が主の信仰に改宗し、使徒たちはそこに聖堂を建て、あらゆる階級組織ができた。彼らは、イェルサレムから連れて来た、福音書の理念に養われた人物である篤信のアブディャスをこのキリスト教の民の司教に擁立し、エウトロピウスを助祭長に任命した。それから彼らは、神の御言葉を説きつつ他の町々へと旅立った。それから間もなく彼らはそれらの土地で殉教者の勝利を与えられつつこの地上の生活を終えたのである。エウトロピウスは彼らの受難をカルデヤ語とギリシヤ語で讃えた。そして、使徒たちの長で当時ローマで教皇なる最高の職務についていた聖ペトルス（ペトロ）の奇蹟や徳行の称えられるのを耳にしたあと、彼はその時代を全く離れ、司教の賛成を得て、しかし彼の父には知らせずに、ローマへ赴いた。そしてそこで聖ペトルスに快く迎えられ、主の掟についての教えを彼から受けたのである。そのあと彼の側にしばらく止まってから、その命令および助言に基づいてその地を去り、他の兄弟たちと共にガリヤの地に移って教えを広めた。彼がサントなる町に入ったとき、彼の目に映ったこの町は、その全体が古代の城壁に見事に取り囲まれ、高い塔に飾られ、すばらしい景観を示し、幅も奥行きも完璧な規模で、すべてが活気を呈し、食糧は満ち溢れ、美しい野原や水の澄む泉に恵まれ、大河が町を横切り、周囲には庭園や果樹園があり、澄んだ空気に恵まれ、広場や通りは快く、あらゆる点で快適である。この熱心な使徒は、神がこの美しくすばらしい町を異教徒の邪悪と偶像崇拝を転換させてキリスト教の掟へ従属させ給うたのだと考え始めたのだった。

かくて彼は広場や通りを巡回して熱心に神の御言葉を説くのだった。しかしやがて町の人たちは、この男が異国人であって、まだ耳にしたことのない聖三位とか洗礼とかいう言葉を口にするのを聞いて、間もなく腹を立て始め、松明で彼に火傷を負わせ、棒でひどく叩いて、彼を町から追い出したのだった。しかしこの聖なる人物はこの迫害に辛抱強く耐えた。彼は町の近くの山に木の小屋を建ててそこに長期間立て籠った。彼は昼間は町で教えを説き、夜になると小屋に戻り、夜の行と祈りと涙とで時を過ごした。そして、長い月日を経てもほんのわずかの信徒をしかキリスト教に改宗させることができなかったので、彼は我らが主の次の教訓を思い出した。「人が汝らを受け入れず、汝の言葉に耳を傾けないのなら、その家その町を去って足の塵を払え。[註42]」

そこで彼はローマへ戻った。ここは聖ペトルスが十字架につけられて殉教した所である。彼は時の教皇から、かの町に戻って主の掟を説き、その町で殉教の冠を待つようにと命じられた。最後に教皇自身から司教の祝別を受けた彼は、ギリシヤからローマに来た福者ディオニスィウスおよび、クレメンスがガリヤに布教のために派遣した他の修道者たちと共に旅に出てオッセールに到着した。そこで聖なる愛情の盛んな抱擁を受けたあと、彼は涙に咽びながら町を去った。ディオニスィウスおよびその仲間はパリに向かい、福者エウトロピウスはサントに戻った。彼は勇敢にも殉教する覚悟ができていた。キリストに対する熱意に燃えていた彼は、次のように言って自分を勇気付けた。「主は我が味方である。私は人に虐げられても恐れはしない。[註43]迫害者は肉体は殺しても魂を死なせることはできない。[註44]人は己の魂の救いのために己の皮膚その他己の持つすべてを与えねばならぬ。[註45]」

かくて彼はしっかりした足取りで町に入った。そして気がふれたかのように、そして時には落ち着いたあるいは執拗な態度で、主への信仰を説いた。キリストの托身、受難、復活、昇天、そして人類の救済のために自ら進んで求めた苦難のすべてを説き教えた。彼はすべての人々の前で、人は水と聖霊とによって生れ変るのでなければ神の王国には入れない、と説いた。ただし夜になると、彼は例の小屋で休んだ。しかし彼が説教を始めるとすぐ、天から聖なる恩恵が降ってきて、町の中で多くの異邦人が彼によって洗礼を授けられた。その中にこの地方の王女がいてその名をエウステラといったが、彼女は洗礼の水によって生れ変った。そのことを父が知ると、父は彼女を罵って町から追放した。しかし王女は、彼女が追放されたのはキリストを愛したためであったことを悟り、聖人の小屋の傍らに移り住んだ。他方父は娘への愛情にほだされて彼女が家に戻るようにといくども彼女に使いを遣った。しかし彼女は、町に戻って偶像に汚されるよりは、キリストの信仰のために町の外に居る方がよいと返事をした。すると父は烈火のごとく怒り、町中の肉屋を呼び集め――その数は百五十人に及んだ――、聖エウトロピウスを殺し若い娘を父のもとに連れ戻すことを命じた。肉屋たちは四月三十日に多数の異邦人と共に前述の小屋の近くにやって来て、先ず神の聖者に投石を始め、それから彼を裸にして棒と鉛をつけた革紐で叩き、最後に斧と鉞《まさかり》で頭を切り落した。

他方若い娘の方は、何人かのキリスト教徒に手伝ってもらい、夜中に彼を彼の小屋に埋葬した。そして彼女の生きている限り、彼を夜通し光で囲んで聖務を誦するのを止めなかった。そして彼女が聖なる死を迎えてこの世を去るに当たって、彼女の所有地の中に、彼女の師の墓の側に埋葬してもらうことを希望したのだった。

さてその後、福者エウトロピウスのいとも聖なる遺骸の上に、彼を讃え、かつ聖にして分かち難き三位の名において、信徒たちによって巨大な記念聖堂が見事に建立されたのであった。あらゆる種類の病気に苦しむ人たちがそこへ来ると、たちどころに癒された。跛者は直立し、盲人は光を、聾者は聴覚を取り戻し、悪霊に憑かれた人は癒され、真面目な心で希望する者には救いが与えられるのだった。鉄の鎖、手錠など各種の鉄の道具、福者エウトロピウスが囚人を救うのに使ったさまざまの用具、それらがそこに吊り下げられていた。願わくは、彼がその正当な功績と祈りとによって私たちのために神から赦しを得て私たちの罪を消し、私たちの心の中の道徳心を活気付け、生活を導き、私たちに死の危険が迫るときは地獄の深淵を遠ざけ、最後の審判の時は、永遠の審判者の私たちへの怒りを鎮め、父と聖霊と共に世々の終りまで神の中に生き統べ給う我らが主イェスス・キリストの助けによって、私たちを天高き王国へと導かれんことを。アーメン。

さて次に海の岸辺なるブラーユ[註46]では、聖ロマヌスの加護を求めなければならない。彼の記念聖堂には殉教者なる福者ロトランドゥス（ロラン）の遺骸が納められている。この人物はカロルス大帝の後裔なる貴族の出で、大帝の十二人の武将の仲間の一人であった。そして信仰心に燃えて、不信の徒を追放すべくスペインに入った。彼は並外れた力の持主で、伝えによれば、ロンセスバリェスで岩を剣で三度叩いてこれを中央から真二つに割ったという。また、角笛を吹いたとき、息の力が強すぎて笛が真ん中から二つに裂けたという。この裂けた象牙の角笛は、ボルドーの聖セヴェリヌス（現名スラン）聖堂にあり、他方ロンセスバリェスの岩山には聖堂が一つ建てられた。ロトランドゥスは数多くの戦闘の後、王たちや民衆を征服、そのあと飢餓と寒さと猛暑とに力尽き、激しい戦に打ちひしがれ、神への愛のために絶えず鞭打たれ、矢を射られ槍で刺されて、キリストのこの勇敢な殉教者はロンセスバリェスの谷間で渇きのうちに息絶えたという。彼のいとも聖なる遺骸は、彼の仲間によってブラーユの聖ロマヌスの記念聖堂に埋葬された。

次にボルドーでは司教にして信仰告白者なる福者セヴェリヌス[註47]の遺骸を訪ねなければならない。彼の祝日は十月二十三日である。

同じくボルドーのランド地方では、ブランと呼ばれる小さい町[註48]で、聖なる殉教者たちオリヴェルス、フリギヤ王ガンデルボディス、ダキヤ王オットゲリウス、ブリッタニヤ王アラスタグニウス、ロータリンゲン公ガリニウス、さらに他のカロルス大帝の武将たちの遺骸に詣でなければならぬ。彼らはスペインで異教の軍勢を撃破したあと、キリストの信仰のために死を遂げたのである。彼らの仲間は、彼らの貴い遺骸をブランまで運び、心からの敬意をもってそこに埋葬したのである。彼らすべてがその同じ墓地に葬られており、そこから薫るいとも芳しい匂いが病人たちを癒すのである。

さらに進むと、スペインでは福者ドミニクスの遺骸を訪れなければならない。彼は信仰告白者であって、ナヘラとレデスィーリャ[註49]の間の舗装路を作った人で、彼はレデスィーリャに葬られている。

さて次には、聖ファクンドゥスと聖プリミティウス[註50]の遺骸を訪ねなければならぬ。彼らの記念聖堂はカロルス大帝によって建立された。彼らの町の近くには樹木の植えられた野原があるが、その中には、緑の土地に深く突き刺さった槍が残っているという。

そこから次にレオンに行き、福者イスィドルスの貴き遺骸を拝まねばならぬ。彼は司教、信仰告白者そして学者であり、教会の聖職者たちのために極めて敬虔な規則を制定し、全スペインの民衆に彼の教義を浸透させ、その豊かな著作によって聖なる教会全体に栄誉を与えた人である。

最後にコンポステーラの町に赴き、福者にして使徒なるヤコブスのいと貴き遺骸を、この上なき深き信仰心をもって訪問しなければならない。

以上述べた聖人たち、そして他のすべての神の弟子たちが、彼らの徳と我らの主イェスス・キリストへの祈りによって我らを助け給うように、主は世紀の続く限り永劫に生きて神の支配を行うものである。アーメン。

註

1 コンフェソール、迫害時代にも信仰を告白し続けた人、殉教者とは別。

2 アルル初代の司教、聖人。ここでは一世紀の人として語られているが、別に三世紀頃の人ともいう。

3 「ティモテウスへの第二の書簡」、Ⅳ、20。

4 在位四一七―四一八。

5 当時の聖人・福者の祝日は今日のものとは多少月日のずれがあり、ここでは後者に改めた。以下の祝日も同様。

6 聖ホノラトゥス（三五〇―四三〇）はレラン島の修道院の創立者、彼の聖堂サン・トノラはアルル近郊アリスカンに現存。

7 三世紀の人。アルルの書記だったが、ローヌ河畔で斬首され殉教、自ら首を川に投げ込んだ。サン・トノラ聖堂は、かつてはこの聖人に捧げられていた。

8 一八〇六年まで存在したといわれる。

9 古代ローマから中世末期に至るまで、西洋のもっとも著名な墓地であった。聖堂も大小合わせて一時十七を数えたといわれるが、現在はサン・トノラ聖堂だけが残っている。

10 フランス名サン・ジル。七世紀の人、アテナイ出身の修道士、フランスに来住し、後にベネディクト会修道院長となった。

11 琴に似た弦楽器。

12 遺物器のこと。

13 「ザカリヤス書」Ⅷ、19。

14 「使徒言行録」Ⅰ、11。

15 聖エギディウスはハンガリヤの地で特別な崇拝を受けていたらしい。

16 フランス中部のオット・ロワール県、ル・ピュイ北方の町。

17 ノルマンディ半島の西北端部。

18 フランス名ギョーム（アキテーヌの、七五五頃―八一二）。南仏エロー県のサン・ギレーム・ル・デセール修道院の創立者。

19 ローマ皇帝。在位二八四―三〇五。

20 南仏、地中海に臨む地域。

21 フランス名サン・セルナン。二世紀半ばの人、トゥルーズ初代の司教。

22 フランス名サント・フォワ。二世紀末の人、南仏のアジャンに生まれ、十二歳で殉教。本編の図四七（一〇一頁）を参照。

23 南仏ガロンヌ河畔の町。

24 中仏オート・ヴィエンヌ県。

25 六世紀頃に活躍した貴族出身の隠修士、聖人。

26 現名サン・レオナール・ド・ノブラ。フランス中部、リモージュの東二〇キロ。

27 フランス中部ニエーヴル県。

28 「詩篇」CVI、20。

29 「箴言」V、9。

30 アンティオキヤ公、十字軍に加わり、一時トルコ人に捕われ、一一一一年に不遇の中に死去。

31 この墓は一五七五年に新教徒によって破壊され、その残片がペリゴール美術館に残る。

32 イェルサレムに現存。

33 北アフリカのルスペの司教。同時代の異端の論駁に努め、アウグスティヌスの再来と讃えられた。五三三年没。

34 トゥールの司教。三九七年没。自らのマントを切り裂いて乞食に与えたと伝えられる。

35 ポワティエの司教、護教家として活躍し、三六七年没。彼を記念する聖堂（サン・ティレール）は、連続円蓋式、三重側廊を具えたロマネスク式大建築（但し正面および身廊の一部は再建）。

36 正しくはフリギヤか。

37 現名サン・ジャン・ダンジェリ。ポワティエ西南方の町。九世紀にベネディクト会の修道院が創建され、洗礼者聖ヨハネスの首のゆえに十一世紀以降、多くの巡礼を集めた。

38 東ローマ皇帝。在位四五〇―四五七。

39 フランス名サン・テュトロップ。サントの初代司教。ここに引かれた受難記では一世紀頃の人として語られているが、四世紀にローマから来た布教者とも伝えられる。

40 フランス名サン・ドゥニ。ギリシヤ出身の人でパリの初代司教。二八〇年頃に殉教したとされる。

41 「ヨハンネス福音書」XII、20〜22。

42 「マテウス福音書」X、14。

43 「詩篇」CXVII、6。

44 「マテウス福音書」X、28。

45 「ヨブ記」II、4と関連。

46 西南フランスのジロンド河口に近い町。

47 五世紀初めの人、ボルドーの第四代司教。彼の記念聖堂サン・スランが現存。

48 ボルドー西南方約二五キロ。

49 ブルゴス東方約六〇キロ。

50 ともに三世紀のローマの軍人、サアグンで殉教。本編第三章（一四〇頁）を参照。

第九章　ガリスィヤにある聖ヤコブスの町と聖堂の特色

教皇カリストゥス
および尚書アイメリクス

コンポステーラの町は、サールおよびサレーラなる二つの川に挟まれて建設されたものである。サール川は東側、喜びの山[註1]と町との間を流れ、他方サレーラはその西側を流れる。町には七つの扉ないし入口がある。その第一はフランスの門[註2]といわれる。第二はペーニャの門[註3]、第三は修道士たちの下の門[註4]、第四は聖巡礼者の門[註5]、第五はファルグエリースの門[註6]で、それがペトロヌスの門に通じ、第六はスサンニスの門[註7]、第七はマケレリスの門[註8]で、ここは貴重なバックスの酒が市内に納入されるところである。

一　町の諸聖堂

この町には聖堂が十を数える。その第一はゼベデアの息子でいと輝かしき使徒ヤコブスの聖堂である。この建物は町の中央に位置して栄光に輝いている。第二は至福なる使徒ペトルスを讃えて建てられたものでフランスの道の近くに位置する修道院である。第三は俗に貯水池の聖ミカエリスと呼ばれているもの。[註9]第四はピナリオの司教と呼ばれた聖マルティヌスの名誉のために建てられたもので、これも修道院である。第五は聖三位の聖堂で、巡礼たちの墓を受け容れている。第六は聖処女スザンナに奉献されていて、いわゆるペトロヌス通りの近くにある。[註10]第七は殉教者聖フェリックス、第八は聖ベネディクトゥス、第九は殉教者聖ペラギウスの聖堂で、聖ヤコブスの記念聖堂の背後にある。第十は聖母に奉献されたもので、これも聖ヤコブスの背後にあり、その入口は記念聖堂の中の聖ニコラウスの祭壇と聖十字架の祭壇との中間にある。

二　聖堂の規模

聖ヤコブスの記念聖堂（今日の大聖堂）は、西入口から聖救世主の祭壇までが人の身長の五十三倍。幅はフランスの門から南門までが三十九倍。内部の高さが人の背丈の十四倍。しかし外側に関しては、建物の長さも高さもどれだけかは測れない。

聖堂内部は床面に通廊が九、[註11]上部に六を数え、頭部（小聖堂）は他（の小聖堂）よりも大きく、そこには聖救世主の祭壇、[註12]王冠（内陣を囲む周廊）、身体部（身廊）と両腕（翼廊）、他の八つの頭（小聖堂）がある。それらの小聖堂にはいずれも祭壇がある。

通廊は九つあるといったが、そのうちの三つは大きく六つは小さい。その主たるものは中央の主身廊で、西入口から中央に位置する四本の柱まで続く。この四本柱[註13]が全聖堂を支配しているのである。この身廊の左右側方に小身廊（側廊）が付く。他の二つの身廊はいわば両翼をなし、この翼の一つはフランスの門から十字架形（翼廊交叉）を構成する四本の柱まで、別の一つはそれらの柱から南の門まで、それぞれ続く。それらの各々は側方の小身廊（翼廊の側廊）を具えている。

それら三つの身廊は、上方に伸びて聖堂の棟に達する。他方六つの側廊は半円穹窿の所までしか伸びていない。

それぞれの身廊は人間の丈の十一倍半の高さをもつ。私たちのいう人間の丈とは正確に掌の十一倍半である。

主身廊には二十九本の柱がある。それらのうち十四本は右側、左側にも同数。そして一本が独立して堂内の二つの入口の間に立っている。それらの柱は南北[註14]に向かい合い、キボリイ[註15]を分割している。この聖堂を十字架形に構成している各身廊（すなわち翼廊）には、フランスの門から南側の門まで、二十六本の柱が

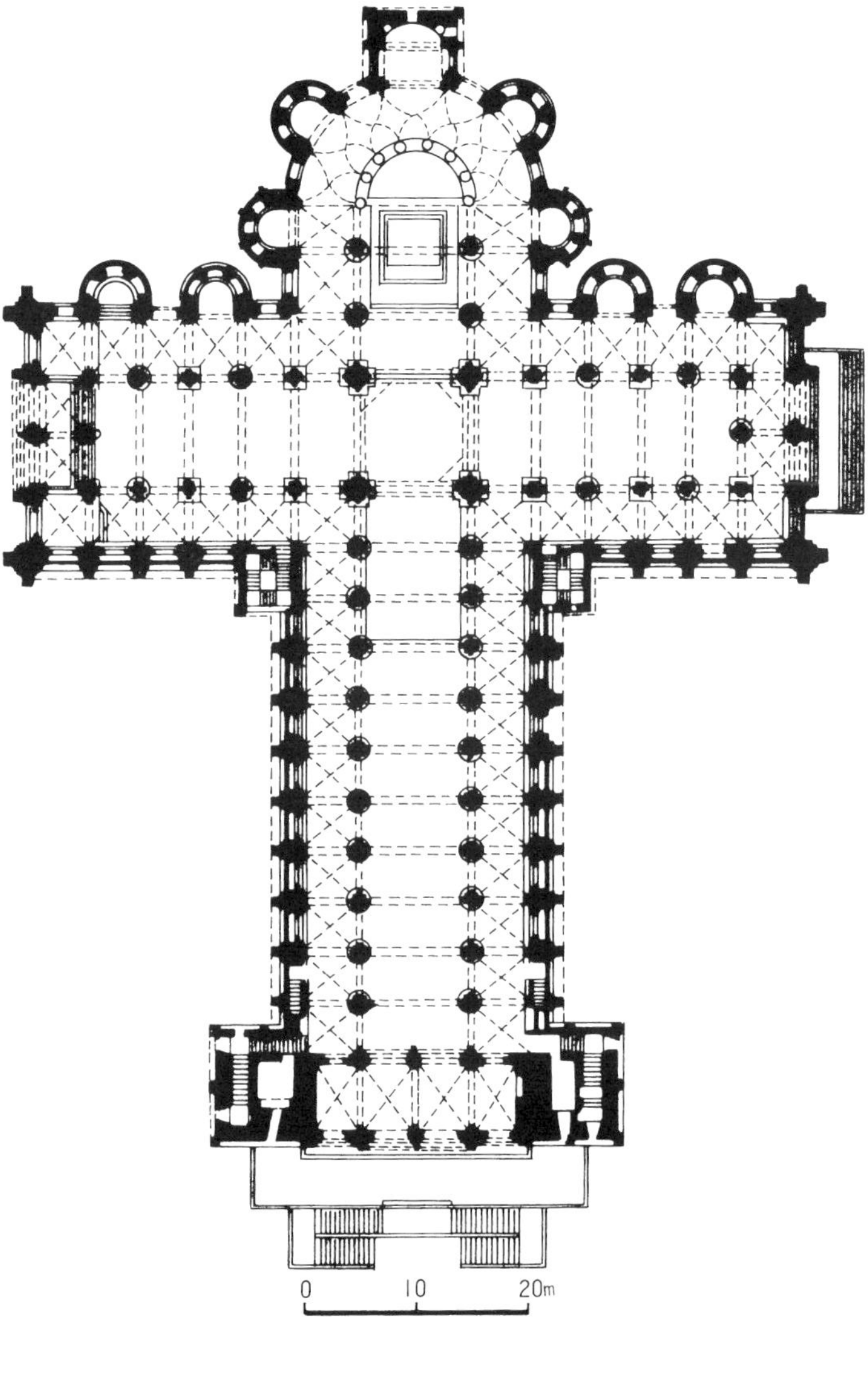

サンティヤーゴ大聖堂平面図
(12世紀の状態)

立っている。右に十二本、左に十二本、そして残る二本は、内側の扉の前に配置され、それらが各キボリイと各入口を分離している。

聖堂の冠の部分（周廊）には、聖ヤコブスの祭壇の周囲に独立した柱が八本ある。聖堂の階上のいわゆる宮殿にある六つの小身廊は、長さも幅も同じで、それらの脇に小身廊（側廊）が付き、それらが基部で繋がっている。一方では壁がそれらを支え、他方では柱列が大身廊を下から棟まで支え、さらに複合柱が上に伸びて石工たちのいう半筒形穹窿を構成している。

聖堂の階上には、階下に立っているのと同じ数の柱が立っている。同様に、階下にいわゆるキングラ（腰帯、横断アーチ）があり、階上廊の高所にも同じものが同じ数だけある。しかし階上廊にはさらに、それぞれの石柱の間に二本の複合円柱、石工のいわゆるキンドリエがある。

この聖堂にはひび割れがなく、欠陥がない。見事な建築で、大きく、広く、明るく、各部分の調和がよく、長さ、幅、高さの比例もよく、石組みはえもいわれぬ見事なもので、王宮のように二階建ての構造である。

建物の高い部分を巡回する者は、この聖堂の完全な美しさを見たあとは、悲しい心で昇って来た人でも帰るときは幸福な気分で心慰められて辞去するのである。

三　窓

この聖堂には絵ガラスで飾られた窓が六十三を数える。周廊を囲む祭壇それぞれの上方には、窓が三つある。聖堂の、聖ヤコブスの祭壇を囲むその上方には窓が五つを数え、そこからの光が使徒の祭壇をよく照らしている。階上廊（いわゆる宮殿部）では、窓が四十三を数える。

四　入口

この聖堂には主要な入口が三つ、小さい入口は七つある。西向きのは主要な入口、一つは南、もう一つは北を向いている。これらの主な入口の各々には二つの扉口があり、それぞれの扉口には扉が二つずつある。七つの小さい入口の第一のものは聖母の門と呼ばれている。第二は聖なる道の門、第三は聖ペラギウスの門、第四は参事会の門、第五は石切場の門、第六も同じ、第七は文法教室の門で、これは大司教館への入口でもある。

五　聖ヤコブスの泉

私たちフランス人がこの使徒の記念聖堂に入ろうとするときは、北口から入ることになっている。その入口の前には、道路に面して聖ヤコブスの貧しき巡礼たちの救護院がある。その先には、道から外れて前庭が広がっていて、そこへは九段の階段を下りて行く。この階段を下りきったところに、全世界に類を見ないほどの見事な噴水がある。この噴水は、三段の基壇の上に乗っていて、盃または桶の形をした円形中空の見事な石造水盤であり、極めて大きいので、その中で十五人もの人が楽々と水浴できるように私には見える。その中央には青銅の円柱が立っているが、それは基部で太くなっていて、そこでは七枚の方形の石板が使われており、その円柱は程よい高さである。その頂上には四頭の獅子が立っていてその口から水が噴き出ている。この水を聖ヤコブス詣での巡礼たちや土地の人たちが利用している。獅子の口から噴き出る水はそのまま下にある水盤に落ち込む。そこから水は垂直孔を通って地中に消えてゆくのである。それゆえ、この水はどこから来てどこへ消えてゆくのか、人にはわからない。さらに加えて、この水は軟質で体によく、健康で透明、良質で冬は温かく夏は冷たい。前述の柱には、獅子たちの足元に二行にわたって次の銘文が彫り込まれている。「我ベルナルドゥスは聖ヤコブスの財務係にして、我と我が両親の霊魂の救いのために水をここへ引きこの碑を建てたるものなり。一一六〇年四月イードゥスの三日。[註16]」

六　町の前庭

泉の次に既述の前庭がある。そこは石で敷きつめられている。ここでは巡礼たちに小さい海の貝殻を売っているが、これは聖ヤコブスの徽章である。さらにまたぶどう酒の革袋、靴、鹿皮の頭陀袋、財布、革紐、腰帯、各種の薬草その他の薬類、その他いろいろな品物を売っている。また、フランスの道には両替屋、宿引きその他さまざまの商売人がいる。

この前庭の大きさは、長さも幅も、石を投げて届く規模である。

七　北の入口

以上の前庭の次に、聖ヤコブスの記念聖堂の北入口、いわゆるフランスの門を見る。[註17] そこには入口が二ヶ所にあり、それぞれが見事な彫刻で飾られている。その各入口には、外側左右に大理石あるいは石灰岩の柱が六本ずつ、計十二本ある。外側の二つの入口の柱の上方の壁には救世主が堂々と坐り、右手で祝福を与え、左手では聖書を持つ。その玉座の周りには、主を支えるようにして四人の福音書家が並ぶのが見える。その右手には、楽園が表され、そこで主は改めてアダムとエヴァの罪を咎めており、左手では二人を楽園から追放する姿が見られる。[註18]

さらにその周辺全体に、聖人、動物、人間、天使、女性、花その他の被造物の姿が彫られているが、数が多すぎてそれらの外形や性質を説明しきれない。とはいえ、聖堂に入る左手の扉の上方にあるティンパヌム（半円石）には、聖母マリヤへのお告げが、彼女に告げる天使ガブリエルと共に表現されていることに注目しよう。また扉の上方左手の側壁には、一年十二ヶ月の図像[註19]その他、多くの見事な彫刻作品がある。外壁を背にして獰猛な姿の獅子が二頭、入口を見張るかのごとく目を見据えて左右に坐る。円柱上方部には四人の使徒が見られる。それぞれ左手に書物を持ち、右手を挙げて聖堂に入る信徒たちを祝福するかのようである。左入口には右にペトルス、左にパウルスが立つ。右入口には右手に使徒ヨハンネス、左手に聖ヤコブスが立つ。それぞれの使徒の頭上には柱台の上に牛の頭が高浮彫で表されている。

八　南の門

記念聖堂の南の門[註20]には、既述のように二つの入口と四枚の扉がある。右の入口は、外から見ると、扉の上の第一段にはキリスト裏切りの場面が見事に彫刻されている。そこでは我らが主がユダヤ人たちの手で柱に縛り付けられている。主が笞打たれている。他方ではピラトゥス（ピラト）が審判するかのように法廷に坐っている。その上段には、主の母君なる聖マリヤがベトレエムでその息子と共に居る姿で表現され、さらに三人の王が母子を訪問して三種の捧げ物を献じ、星と天子がヘローデのもとに戻らぬよう注意する場面が続く。[註21] 入口を護るかのようなこの門の側柱には、二人の使徒が左右それぞれに見える。同様に左入口では、扉に他の使徒たちが居る。その扉の上方、入口上部の一段目には主を誘惑する場面が見られる。他なるほどキリストの前には怪物に似た恐ろしい姿の天使たちが立ち、神殿の屋根の上に居坐っている。他の天使たちはキリストに石を差出してそれをパンに変えるように薦める。また他の天使たちは彼にこの世の王国を示し、彼らの前で跪いて彼らを拝するならばそれを進呈しようという。とんでもないことである。しかしまた他の清純で善良な天使たちが、後ろからも上からも現れて彼の前で香をたき彼に仕える。

この門には四頭の獅子が居る。入口それぞれの右と左に一頭ずつ。その二つの入口の間、さらに横石の上に、背中合せになった獰猛な獅子が二頭居る。この門には、十一本の柱が付いている。右入口には右に五本、左にも五本。第十一番目は二つの門の中間、入口の通路を二つに分けるその中間にある。

これらの柱はその一部は大理石、他は通常の石であるが、さまざまの形――花、人、鳥、獣などが見事に彫られている。柱の大理石は白色である。キリストの誘惑の場面の脇に彫られている女性について述べるのを忘れてはならない。彼女は両手に彼女の誘惑者の不潔な首を持っているが、この首は彼女の夫が切り落したもので、彼女は夫の命令によって毎日二度それに接吻しなければならないのだ。不義を犯した女に対する何と恐ろしい、しかしすばらしい懲罰であろう。これは万人に語らなければならないことだ。

他の開口部の上方、聖堂の階上廊の方には、白大理石で造られたすばらしい装飾があって見事に輝いている。なるほどそこには、我らが主の立像があり、その左には鍵を持つ聖ペトルスが立ち、その左には二本の糸杉の間に立つ聖ヤコブスおよびその側に兄弟なる聖ヨハンネスが立ち、さらに他の使徒たちがその左右に並ぶ。その壁面は上下左右その全面が花、人、聖人、動物、鳥、魚などで見事に飾られていて、その詳細を説明することはできない。しかし特記すべきは、入口の上方に四人の天使がましますことで、いずれも最後の審判の日を知らせるためのラッパを手にしている。

九　西の門

西の門には入口が二つあるが、これはその大きさからいっても、その装飾の見事さからいっても、他の門を凌駕している。他よりも大きく美しく、その出来はいちだんと見事である。外から入る時は長い階段を上る。脇にはさまざまな大理石の柱があり、人像およびさまざまの装飾すなわち男、女、動物、鳥、聖人、天使、花その他さまざまのものが見られる。その装飾はあまりにも豊かなので、それを細かく描写することは不可能である。しかし高い位置に主の変容の場面が見られるのに注意しよう。これはタボール山の出来事だが、それがすばらしく見事に彫刻されていて、天主はそこでまぶしい雲に包まれていて、その顔は太陽のように輝き、衣は雪のように明るく、天の父が彼の頭上から声を掛けている。それと同時にモイセス（モーゼ）とエリヤス（エリヤ）とが彼と同時に現れ、イェルサレムで成就することになる運命について語る。ここでもまた聖ヤコブスがペトルスおよびヨハンネスと共に現れ、我らが主は、誰よりも先ず彼らの前で主の変容を示したのである。

十　聖堂巡回

この聖堂には塔が九つ数えられるだろう。二つは泉の門[註22]の上、二つは南門の上、二つは西門の上、二つは螺旋階段それぞれの上、そして最大の塔は、聖堂中央の翼廊交叉部の上である。[註23]それらの塔によって、また建物の他の華麗極まる細部によって、サンティヤーゴの記念聖堂はすばらしい栄光に輝いているのである。この建物は、その全体が、極めて堅牢で生き生きした、褐色の、大理石に劣らず硬質な石材で造られている。内部はさまざまな絵画で飾られ、外部は瓦と鉛板とで完全に覆われている。ただし私たちが語ってきたものは、一部は完全に出来上がっているが、未完の部分もある。

十一　聖堂の祭壇

聖堂の祭壇の構成は次のごとくである。先ず左側にあるフランス門の近くには聖ニコラウスの祭壇[註24]、次いで聖十字架の祭壇、冠（周廊）の中には処女聖フィデスの祭壇、次いで使徒にして福音書家、聖ヤコブスの兄弟なる聖ヨハンネスの祭壇、次に後陣中央の広大な小祭室に救世主の祭壇、次いで使徒聖ペトルスの祭壇、聖アンドレアスの祭壇、司教聖マルティヌスの祭壇、そして洗礼者聖ヨハンネスの祭壇。聖ヤコブスの祭壇と救世主の祭壇との間には聖マリヤ・マグダレーナの祭壇があり、そこでは巡礼たちのために朝のミサが歌われる。階上には、宮殿（階上廊）の中に三つの祭壇がある。それらのうち、主祭壇は大天使聖ミカエリスに捧げられ、他の二つのうち右は聖ベネディクトゥス、左は使徒聖パウルスと聖ニコラウスに捧げられている。大司教の小祭室もそこにある。

十二　聖ヤコブスの遺骸と祭壇

これまでは私たちは聖堂の特性を説明した。さてこれから使徒の尊き祭壇を扱わねばならぬ。この貴き記念聖堂には、言い伝えによると、聖ヤコブスの貴い遺骸は、彼の名誉を讃えて見事に造られた主祭壇のその下に納められていると伝えられる。それは、大理石製墓棺の中に安置されているが、この石棺は、見事に造られたしかるべき大きさの壮麗極まる穹窿付き墓室に納められているのである。

彼の遺骸がそこに安置され永劫不動であることは、この町の司教聖テオデミルスが証するところで、彼がかつてその遺骸を発見したあと、それが動かされることは決してなかったという。

山の彼方に異論を唱える人たちがいて、聖人の遺物を保存しているとかその小片を所有するなどと主張するが、遠慮願いたいものである。[註25] 確かにここには使徒の遺骸がそっくり保存されており、それが極楽を思わせるざくろ石の輝きによって神々しく照らされ、絶えず聖なる甘い香に包まれ、天上の松明の光で飾られ、寄り集う天使たちの眼差に取り囲まれているのだ。

伝えによれば、彼の墓の上には質素な祭壇が弟子たちによって設けられ、そのあとは、使徒およびその弟子への愛のゆえに誰もそれを破壊しようとしなかった、といわれる。そしてさらにその上方に大型のすばらしい祭壇がもう一つあり、その大きさは、高さが掌五つ、長さ十二、幅七つ分ある。

以上は少なくとも私自身が自分の手で測った大きさである。要するに、小さい祭壇が左右と背後の三方から大祭壇に囲まれた形であって、その前面は露出しており、したがって銀の祭壇の前面を外すと古い祭壇がよく見えるのである。

聖ヤコブスへの信仰心からして、使徒の祭壇の掛け布あるいは覆い布を寄進したいと思う人は、幅が掌九、長さ掌二十一の大きさのものにする必要がある。しかしさらに、神と使徒への愛のゆえに、祭壇前面を覆う飾り布を寄進しようとするなら、幅が掌七、長さ掌十三のものを心掛けるように。

十三　銀の祭壇前面装飾

祭壇前面の飾りは、金銀を用いた華麗な作りである。中央には二十四老人に囲まれた我が主の玉座が彫刻されている。これは黙示録の中で聖ヤコブスの兄弟なる福者ヨハンネスが見たままの配列である。つまり右に十二人、左に十二人の老人が円環状に並び、手には竪琴と香水で満たした黄金の小瓶を持っている。中央には我らの主が国王の玉座そのままの席に坐り、左手には生命の書を持ち右手で祝福する。玉座の周りはそれを支えるかのごとく四福音書家が侍する。その左右には十二使徒が並ぶ。三人は右手の第一段目に、別の三人はその上に居る。同様に左手には第一段目に三人が下に、三人が上に居る。さらに周囲全体にはすばらしい花が配置され、華麗極まる円柱が使徒たちを隔てている。この祭壇飾りは見事な完璧な作で、その上方には次の文が刻み込まれている。

サンティヤーゴの司教ディダクス二世、彼の司教職の五年目にこの祭壇飾りを作る。サンティヤーゴ財務部の出費は八十引く五[註26]であった。

さらに下方に別の銘記がある。

時の王はアルフォンスス、その女婿ライムンドゥス公、司教は上述のディダクスのとき、これが完成された。

十四　使徒の祭壇の天蓋

この貴い祭壇を覆う天蓋はその内側も外側も、さまざまな絵や文様で見事に装飾されている。平面構造は方形で四本柱に支えられ、高さと幅の比率は美しい。

内側にはその第一段目に女の姿が八人見えるが、これは聖パウルスがとくに称揚した徳を表している。隅にはそれぞれ二人居る。彼女らの頭上には天使が立っていて、それぞれ手を挙げて天蓋の上部にある玉座を支えている。その玉座の中央には足で十字架を支える神の子羊が居る。天使は徳の数だけ居る。

外側では、第一段に四人の天使がいてラッパの音で最後の審判の日の復活を告げている。前面に二人、背面に二人。同じ高さに四人の預言者、すなわち左の面にモイセス（モーゼ）とアブラハム、右面にイサアクとヤコブスがいて、それぞれ手に巻物を持ち、そこには彼らそれぞれの特別の預言が記されている。

上段には十二使徒が天蓋を取り巻いて坐っている。前面には先ず中央に福者ヤコブスが左手で書物を持ち右手で祝福を与えている。その右手には他の使徒、左手にも第二の使徒で、彼らは同じ列に居る。同様に天蓋の右の面には他の三使徒、左手にも別の三人、後ろにも同じ姿勢でもう三人。天蓋の屋根の上にも四人の使徒が祭壇を守るかのように坐っている。さらに天蓋の四隅、屋根の基部に四人の天使がそれぞれの特徴ある姿に刻まれている。

内側には絵が描かれているが、外側は彫刻と絵で飾られている。外側の頂点には、三重のアーチをもつ小さい建物が立っていて、そこに聖三位が彫刻されている。西側に向いている第一のアーチには、父なる神の姿、南と東に向いた第二のアーチには子の姿、北向きの第三のアーチには聖霊の姿。その他、最頂点には銀の球が光っていてその上に貴き十字架が立っている。

十五　三つの燭台

聖ヤコブスの祭壇の前には三つの巨大な燭台がキリストと使徒の栄誉を称えるために吊り下がっている。中央にあるのは極めて大きく、見事に作り上げられた巨大な鉢に似ている。そこには七つの孔があり、そこに七つのランプが置かれているが、それは聖霊の七つの賜物を表すものである。そこには香油かミルタ(天人花、桃金娘)か安息香かオリーブ油かを入れる。中央の孔は他よりもひときわ大きい。その周りの孔の外側には、それぞれに使徒二人ずつの像が彫られている。

それらを聖ヤコブスに贈ったのはアラゴン王アルフォンススという。彼の魂が永久に憩わんことを。

十六　サンティヤーゴ教会およびその参事会の権威について

聖ヨハンネスの祭壇では、この教会の司教、大司教、教皇ないし枢機卿でなければ、ミサをあげることはしない。確かにこの教会では、この祭壇には聖祭を上げる枢機卿は七人居る。[註27] 彼らの構成および特権は、多くの教皇とくに教皇カリストゥスによって特別の保証を得たものである。サンティヤーゴ教会の持つこの特別の権威は、この使徒に対する敬意にかんがみて、何人もそれを取り去ることは許されないのである。

十七　聖堂の碑銘彫工たち　工事の開始と完成

福者ヤコブスの記念聖堂建築を企画した石工の親方は老ベルナルドゥス——彼は総監督であった——およびロベルトゥスで、[註28] これを助ける石工の数はほぼ五十人で、彼らはドン・ヴィカルト、教会参事会長セゲレード、スペインのアルフォンスス王治下のドン・グンデスィンド神父、および勇敢な騎士にして高潔な人物であるディダクス一世、そういった人たちの指導を受けたのである。

聖堂はスペイン暦一一一六年（キリスト教暦一〇七八年）に工事が始まった。着工の年からアラゴンの勇敢にして輝かしい王アルフォンススの死まで五十九年を数え、イギリス王ヘンリクスの殺害まで六十二年、フランスの肥満王ルドヴィクスの死まで六十三年である。最初の礎石が据えられてから最後の石が置かれるまで四十四年かかっている。着工以来今日に至るまで、この聖堂は聖ヤコブスの奇蹟の栄光で輝いているのである。ここでは、健康は病者に与えられ、視力は盲人に返され、唖者には言葉が戻され、聴力は聾者に返され、通常の歩みが跛者に与えられ、悪魔憑きは救われ、そしてさらに、信徒の祈りはかなえられ、彼らの誓願は聞き入れられ、罪の鎖は落ち、天の扉は叩く者には開かれ、苦しむ者には慰めが与えられ、世界のあらゆる土地から来た異教の民は群れをなして寄り集まり神に贈物と讃辞を捧げるのである。

十八　サンティヤーゴ教会の格位

サンティヤーゴの大司教座としての格位は、それまではサラセン人の国の首都メリーダの聖座に従属していたのだが、それを現在のサンティヤーゴの記念聖堂とその町に移したのは、福者にして教皇なるカリクストゥスがその品格と聖なる記憶をもってしたことであり、このことは忘れられてはならない。彼がそうしたのは使徒への愛と使徒の名誉のためなのであって、そのゆえにこそ、彼は高位の家柄の出であり第一代の大司教であるディダクスを聖別して彼がコンポステーラの使徒の座へ就くことを確認したのである。

註

1 旧名モンテ・デル・ゴーソ、この名は巡礼たちが長期の旅路のあとやっと目的の聖地を目にしたときの喜びに由来する。現名モンテ・サン・マルコス。

2 町の東北、今日ではプエルタ・デル・カミーノすなわち巡礼路の門と呼ばれる。

3 町の北側、ペーニャは岩ないし山の意。

4 北側、今日のプエルタ・サン・マルティン。

5 今日のトリニダードの門。

6 町の南西にある、今日のファヘーラ（羊歯）の門。

7 荒地の意か、今日のマモアの門。

8 煉瓦工の意か。

9 現名サン・ミゲール・ドス・アグロス。

10 この小型のロマネスク聖堂はパセオ・デ・ラ・エラドゥーラに現存。

11 身廊と左右翼廊にそれぞれ三つずつ。

12 今日ではフランス王の祭壇という。

13 すなわち身廊と翼廊との交叉部の柱。

14 原文はアクィロン（北風、北方の意）でその解釈に多説がある。

15 本来は天蓋の意だがここでは柱四本ずつが支える穹窿のことらしい。

16 イードゥスは古代ローマ暦法に用いられる名称で、この日は一一二二年四月十一日に当たる。

17 この入口は十八世紀後半に破壊され、現在は古典主義様式のものに代わっている。

18 現存の楽園の場面は模作で、原作はサンティヤーゴのピテロス街の私人邸宅入口に移されているといわれ、楽園追放の低浮彫は、南正面左入口のいわゆるプラテリヤス（金工師）の門の左入口の上に移された。

19 そのうちの十一月（正確には十一月二十二日〜十二月二十一日）を表す射手は他の多くの彫刻断片とともに現在は南入口に再利用されている。

20 今日では「金工師の門」の名で知られている。本編の図九二・九三（一八一頁以下）を参照。

21 これらの彫刻は現在ひどく破損しているがそのままもとの位置に残っている。

22 北門。

23 この採光の塔は現存せず、円蓋がこれに代わっている。

24 この聖人は旅人や巡礼の守護者であった。

25 トゥルーズのサン・セルナン教会などのこと。

26 金単位はマルカ。

27 ここでいう枢機卿はローマ教会の特権をもつ正式なものではなくサンティヤーゴ教会の名誉称号であったらしい。

28 この二人の名からしてこれらの建築監督はフランス出身であったと思われる。

第十章　聖ヤコブス参事会の人数

伝えによると、この教会に付属する参事会員の数は七十二人だという。これはキリストの七十二人の弟子の数と一致する。彼らは、学者にして福者なるスペインのイスィドルスの作った規則に従う。彼らは毎週、聖ヤコブスの祭壇への供え物を自分たちで分けあう。会員の筆頭には第一週の供え物が与えられる。第二週には二番目、第三週には三番目というふうにして末位の会員に至る。

毎週、日曜日ごとに、決められた慣習に従って供え物は三つに分けられることになっている。その一番目はその週の週番が受け取る。残りの二つは、これを纏めてさらにそれを三分する。その一つは、参事会員の食事に当てるのが通常である。二番目は教会の慈善事業団に、三番目は土地の大司教に。ただし枝の主日から復活祭までの週の供え物は、救護院に宿泊している貧しいサンティヤーゴの巡礼たちがその権利を得る。さらに、神聖な正義の法則を守るならば、人は聖ヤコブスの祭壇に捧げられた供え物の十分の一を、救護院に到着した貧民たちに提供しなければならない。確かに、貧しい巡礼たちは誰でも、聖ヤコブスの祭壇の側に辿り着いた日の夜には、神と使徒への愛のゆえに、完璧な歓待を受けなければならないのである。病める人たちは、死ぬまで、あるいは完全に回復するまで、心温かく看護されなければならない。聖レオナルドゥスになされたごとくに。ここに到着した貧しい人たちは、誰もが食を与えられるのである。さらに慣習に従えば、毎週日曜日には朝から三時課[註1]までに届く供え物は、町の癩病人たちに与えられることになっている。もしこのことに関して教会の高位聖職者の誰かが不正を行ったり供え物の行く先を変更した場合、彼は神の前でこの罪を償わなければならない。このことは既述した通りである。

註1　朝九時頃の勤行。

第十一章　サンティヤーゴへの巡礼者たちの善きもてなし

　サンティヤーゴの巡礼たちは、貧しい人も裕福な人も、そこから帰る人も行く人も、あらゆる人から慈悲と尊敬をもって歓待されなければならぬ。なぜなら、彼らを快く迎え宿を提供する人は、聖ヤコブスを客とするだけでなく我らが主その人を客とすることになるからだ。主は言い給う。「汝を受け入れる人は我を受け入れるなり。[註1]」かつてサンティヤーゴへの巡礼や田舎の人たちを受け入れなかったことで神の怒りを買った人は多いのである。

　ジュネーヴとリヨンの間にあるナンテュアの町で、一人の織物師が彼にパンを要求した貧しいサンティヤーゴの巡礼にそれを断った。ところが彼の織物が突然地に落ちて真ん中から裂けてしまった。ヴィルヌーヴ[註2]で、サンティヤーゴへの貧しい巡礼が、熱い灰の中にパンを入れておいた女に、神と聖ヤコブスへの愛のために施し物をくれるようにと頼んだ。ところが女はパンなどないと答えた。それに対して巡礼は答えた。「お前のパンが石になるように。」そして巡礼はその家を去り、すでにかなり遠くへ行ってしまった頃、女はパンを取るために灰に近寄ったところ、パンは石に変じていた。女は後悔して巡礼を探しに出たが、もう彼の姿は見えなかった。

ポワティエでのことだが、その昔二人のフランス人の元気のいい巡礼がサンティヤーゴからの帰りに無一文になって、ジャン・ゴティエの家からサン・ポルシェール教会まで、神と聖ヤコブスへの愛のために一夜の宿を乞いつつ歩いた。しかしそれが見つからない。結局サン・ポルシェール教会を過ぎたあと、通りの最後の家で、彼らは一人の貧民に泊めてもらった。ところが神の懲罰が下り、夜になって激しい火災が起り、一晩でたちまち通りの家がすべて、つまり巡礼たちが最初に宿を頼んだその家に始まって、彼らを受け入れた家の所までが、すべて焼失したのだった。その数はほとんど千戸にも達した。ただし神の下僕たちを受け入れた家だけは神の恩寵によって難を免れた。

このような次第で、サンティヤーゴへの巡礼者は、貧富の差を問わず、宿の提供と敬意に満ちた歓待を受ける権利があるのだ。

註1 「マテウス福音書」X、40。
2 同名の町は多数あるが、コンクにほど近い、中仏アヴェイロン地方の町か。

ここに使徒聖ヤコブスの第四の書は終る。これを記した人に栄光あれ。これを読む人にも。

この書物を最初に熱心に受け入れたのはローマの教会である。この書は広く各地で記されたものである。すなわちローマで、さらにイェルサレム地域、フランス、イタリヤ、ドイツ、フリーズ（オランダ）、そして主としてクリュニーで。

サント・ドミンゴ・デ・ラ・カルサーダの奇蹟

コーモンの領主ノパール 筆

柳 宗玄 訳

サント・ドミンゴ・デ・ラ・カルサーダ[注1]では、その昔大いなる奇蹟があった。一人の巡礼が妻を伴ってサンティヤーゴへ向っていた。彼らは、立派に育てた息子を連れていた。彼らが夜を過ごした宿には女中がいて、この美しい子供を見かけて心が大いに動いたのだが、子供の方はこの女を気にも留めなかった。そこで女は大いに腹を立てた。そして夜になって子供が眠っているとき、女はその部屋に入り、宿の銀の碗の一つを子供の肩袋の中に入れておいた。翌朝夫婦と息子は出発し、町を出た頃、女中は宿の主人に、銀の碗が一つなくなっていること、前夜宿泊した巡礼たちがそれを盗み取ったに違いないことを告げた。そこで宿の主人は、それが事実なのかどうかを確かめるために、すぐあとを追いかけた。そして一里も行った所で彼らを見つけ、碗を持っているかどうかを訊《き》いた。彼らは、とんでもないことだ、私たちは善良な本物の巡礼で、そんな悪事はしようと思ってもできない、と言った。そこで宿の主は先ず、父と母の持ち物を調べたが何も見付からない。つぎに子供を調べると、その肩袋から女中が予《あらかじ》め入れておいた碗が出てきた。これに驚いた巡礼夫妻は、子供を町に連れ戻した。そして子供は法廷で絞首刑の判決を受けた。父母は大いに悲しんだが、サンティヤーゴへの巡礼を続けるのを中止はしなかった。そのあと、巡礼を終えたその帰途、サント・ドミンゴに差しかかり、処刑場に赴き、彼らの子供の霊魂のために神に祈ろうとした。そしてその側に行って大粒の涙を流しはじめた。ところが、子供は、まだ生きたままで、元気そのものである。そして、自分は生きていて全く健康だから歎くことはないという。というのは、両親が立ち去ったあとに、有徳の人が現れて慈悲深くも彼を養ってくれたので、苦しみなど何もなかったのだ、という。そこで両親はただちに裁判官の所に行き、子供は生きているのだから処刑台から降ろしてくれれば有難いといった。裁判官はそんなことは有り得ないといって信じてくれない。父と母は、それは本当だとますます強硬に主張する。そのとき裁判官は夕食を準備させていて、火にかけた鍋で雄鶏と雌鶏とを料理していた。彼は、あの子供が生きているのなら、料理し終わったこの鶏が鳴き出すと言った。すると雄鶏と雌鶏は鍋から出てきて鳴き出した。裁判官は仰天して、人びとを集めて処刑場へ行かせて様子を見させ、生きたまま元気でいる子供を処刑台から引き下ろさせた。そのあと、宿の主人の希望で女中が捕まり、女は子供が自分の意に従わなかったためにやった事の次第を白状し、かくて女は絞首刑に処せられた。今なお教会には、裁判官の前で鍋の中で歌った鶏と同類の雄と雌の鶏が居り、私はそれを見たが、二羽とも白である。

註1　北スペイン、カスティーリャ地方の町。本編一一二頁、また一一三頁の図五六を参照。

訳書解説

ここに訳出したのは、サンティヤーゴ・デ・コンポステーラ巡礼に関する古文書二種である。その第一は、巡礼案内書としてよく知られた『リベル・サンクティ・ヤコビ』（聖ヤコブスの書）、別名『コデックス・カリクスティヌス』（カリストゥスの冊子本）で、原本はサンティヤーゴ大聖堂に保存されており、その異本として、カタルーニャのリポール修道院に伝わったもの（現在バルセローナの古文書館に移管）などがある。

このカリストゥス（二世）はローマ教皇（一一二四年没、在位一一一九—二四）、その名はこの冊子本に筆者として幾度か出てくるが、彼が筆者ではないことが一般に指摘されている。この書は、教会の典礼、奇蹟、聖ヤコブス伝、カロルス大帝および巡礼案内を扱った五つの書に分かれる。この巡礼案内にもカリクスティヌスの筆なることが幾度か出てくるが、他方教皇の尚書を勤めたアイメリクスの名も見える。彼は西南フランスのパルトゥネー・ル・ヴィユーの修道士であり、その記述にも西南フランスに関する部分が多く、また庶民的な一巡礼者といった感じが強い。記述の年代は一一三九年前後とされる。

文中、飲み水や食物に関する注意、悪人に対する警戒、巡拝すべき各地の聖蹟の指示など、そして最後にサンティャーゴ大聖堂の建物や祭壇、彫像などに関する詳細な記述が注目される。この『案内書』は、巡礼が急速に盛んになった十二世紀以降に、極めて重要な役を演じたと思われるが、この時代の書物は羊皮紙にていねいに筆写されたものゆえ、書物そのものが広く一般に出廻ったとは考えられない。（西洋では、エジプト系のパピルス紙を除いて、私たちのいう紙はその普及を十五世紀まで待たなければならなかったのである。）

さて訳出の第二は、『コーモンの領主による、アルプスの彼方なるイェルサレム紀行』（一四一八年）として伝えられたものの中の「コーモンの領主ノパールによるサンティャーゴ・デ・コンポステーラおよびフィニステーレの聖母への紀行」の一部である。コーモンは、フランス中南部アジャンの近く、ガロンヌ河畔の村で、ここの領主が一四一七年にコンポステーラへの巡礼を行ったときの記録である。ただし彼は記述の大部分を行程の町や村の名、およびその里程の総計八十七に当てているだけだが、興味ある奇蹟の物語を一つ詳記している。それは、スペインのカスティーリャの町ナヘーラからサント・ドミンゴ・デ・ラ・カルサーダへ赴いたそのあと、カルサーダであった奇蹟で、絞首の刑に処せられた子供が生き延び、料理された鶏が復活したという話である。もちろんこれは聖ヤコブスのおかげというわけなのだが、この物語は十五、六世紀のヨーロッパのキリスト教社会で大いに広まったらしく、それが各地の聖堂の絵ガラス窓などに表現された。とくにフランス中部および北部の聖堂で、この物語を表現した絵ガラス窓が六ヶ所あったことがルイ・レオーの『キリスト教図像学』（一九五五―五八年刊、第三巻六九九―七〇〇頁）に報告されているが、その半数は第二次大戦中にアメリカによって爆撃破壊されてしまった。

奇妙なことに、これと全く同じ説話が十六世紀のポルトガルに広まった。ポルトガル北部の町ポルトゥ北方に位置するバルセロスの町で、一組の巡礼がここを通りかかって、前述の話と同様、息子が絞首刑に処せられたが、料理された鶏が鳴いたので助かったという。ポルトガルでは美しく彩られた木製の鶏が、今でも各地で聖像のように売られている。

コーモンの領主は、その巡礼記の中で、このカルサーダの鶏の話だけを詳記している。原語は中世末期のフランス語でやや難解ながらこの訳を加えた。

以上の原文は、ともにジャンヌ・ヴィエイヤールの『サンティヤーゴ・デ・コンポステーラへの巡礼案内記』（一九六九、第四版）に収録されているものに拠った。この書物は、私自身幾度も行ったサンティヤーゴ巡礼に際して、主として参考にしたものである。なお私が上記のサント・ドミンゴ・デ・ラ・カルサーダの聖堂を一九八三年の夏に訪れたとき、驚いたことに、聖堂内部の壇上の囲いの中でいまだに本物の二羽の鶏が飼われていた。

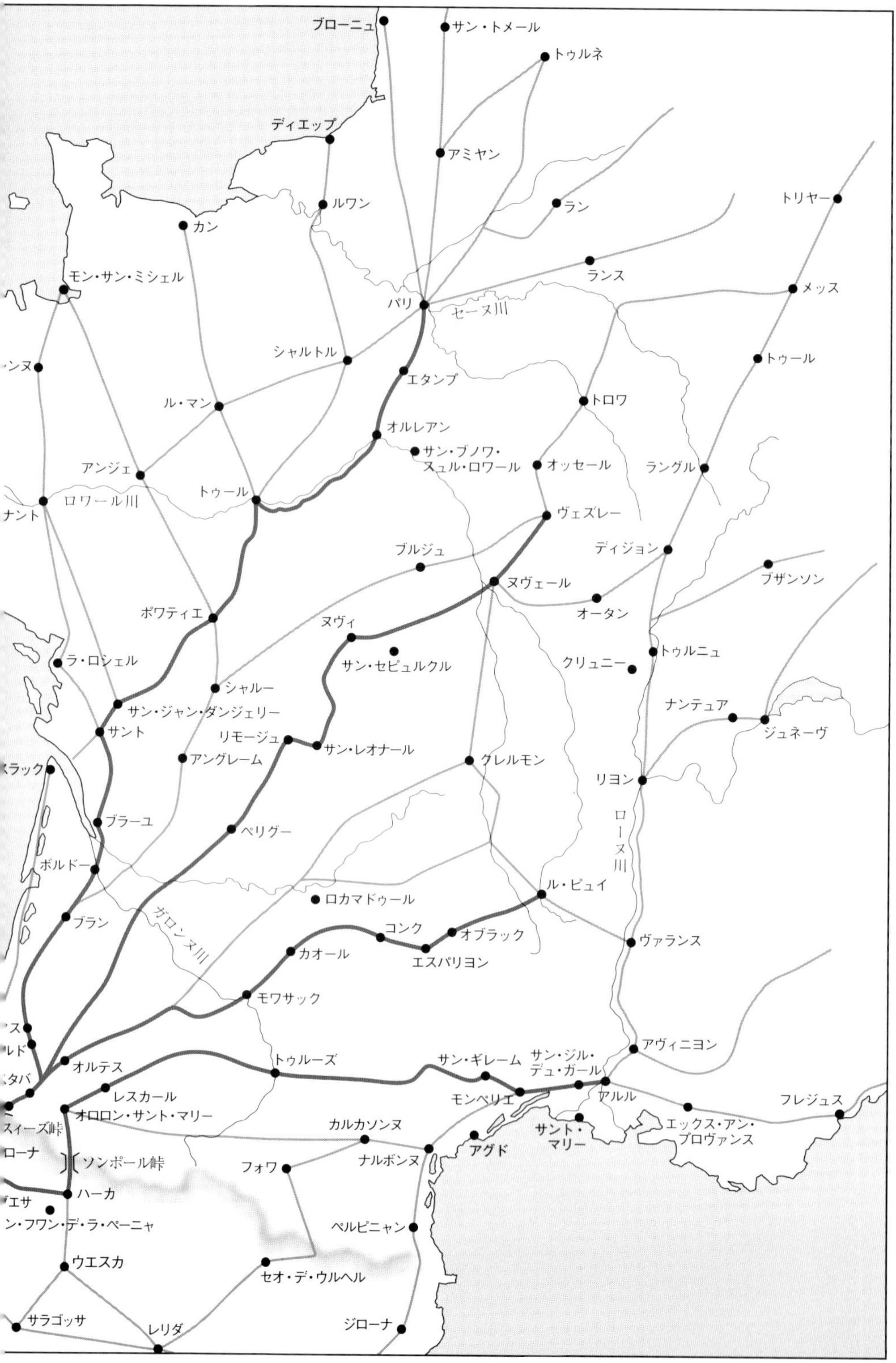

ブローニュ
サン・トメール
トゥルネ
ディエップ
アミヤン
ルワン
ラン
トリヤー
カン
ランス
モン・サン・ミシェル
メッス
パリ
セーヌ川
シャルトル
トゥール
エタンプ
トロワ
ル・マン
オルレアン
サン・ブノワ・
スュル・ロワール
オッセール
アンジェ
ラングル
トゥール
ロワール川
ナント
ヴェズレー
ディジョン
ブルジュ
ブザンソン
ヌヴェール
オータン
ポワティエ
ヌヴィ
トゥルニュ
クリュニー
ラ・ロシェル
サン・セピュルクル
シャルー
ナンテュア
サン・ジャン・ダンジェリー
ジュネーヴ
サント
リモージュ
サン・レオナール
アングレーム
クレルモン
リヨン
ブラーユ
ペリグー
ローヌ川
ボルドー
ロカマドゥール
ル・ピュイ
ブラン
ガロンヌ川
コンク
オブラック
ヴァランス
カオール
エスパリヨン
モワサック
アヴィニヨン
オルテス
トゥルーズ
サン・ギレーム
サン・ジル・
デュ・ガール
レスカール
モンペリエ
アルル
フレジュス
オロロン・サント・マリー
エックス・アン・
プロヴァンス
カルカソンヌ
サント・
マリー
アグド
ナルボンヌ
ソンポール峠
フォワ
ハーカ
ペルピニャン
ウエスカ
セオ・デ・ウルヘル
サラゴッサ
レリダ
ジローナ

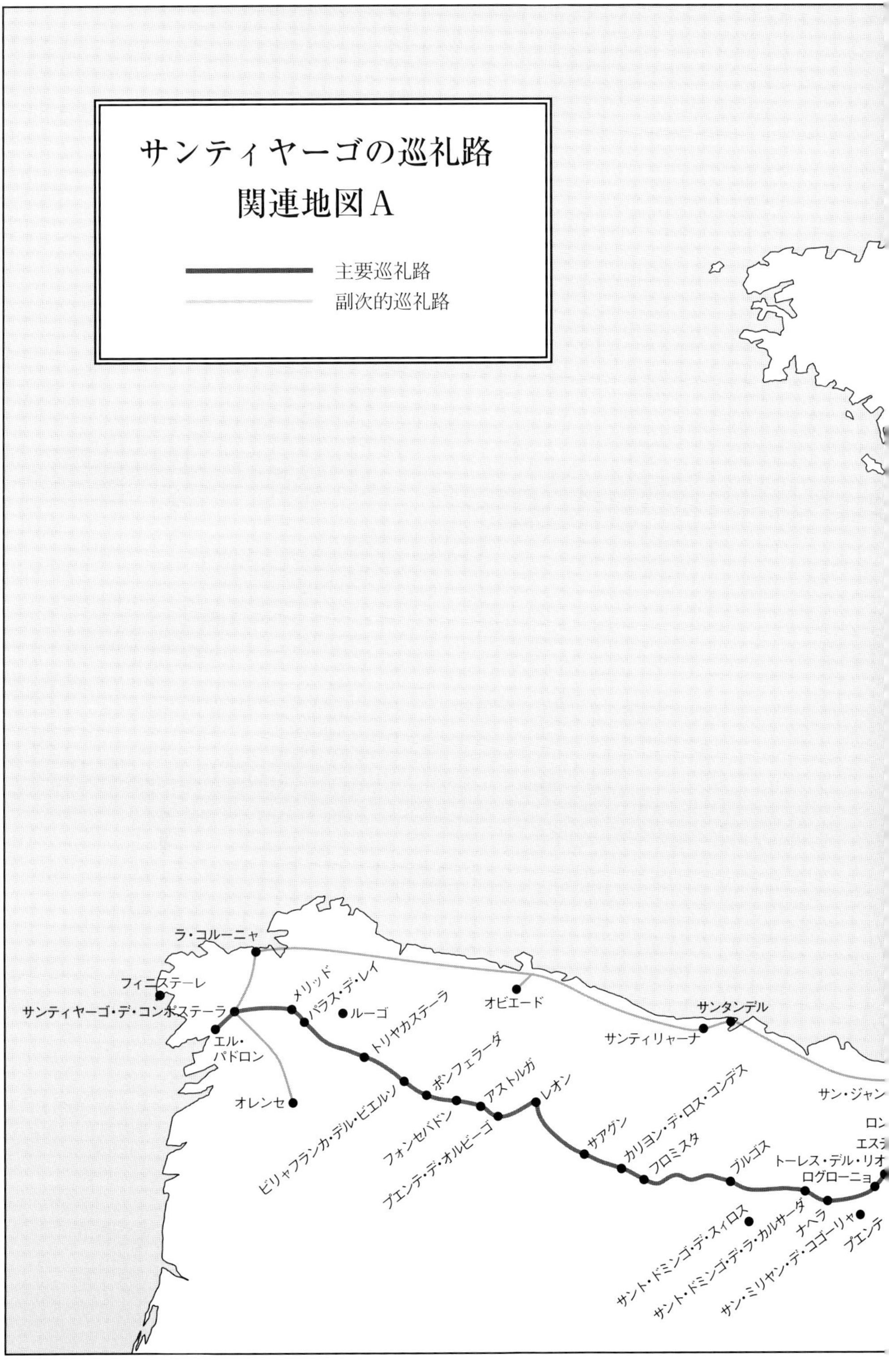
サンティヤーゴの巡礼路
関連地図A
主要巡礼路
副次的巡礼路
ラ・コルーニャ
フィニステーレ
サンティヤーゴ・デ・コンポステーラ
エル・パドロン
オレンセ
メリッド
パラス・デ・レイ
ルーゴ
トリヤカステーラ
ポンフェラーダ
ビリャフランカ・デル・ビエルソ
フォンセバドン
アストルガ
プエンテ・デ・オルビーゴ
レオン
オビエード
サンティリャーナ
サンタンデル
サアグン
カリヨン・デ・ロス・コンデス
フロミスタ
ブルゴス
トーレス・デル・リオ
ログローニョ
ナヘラ
サント・ドミンゴ・デ・スィロス
サント・ドミンゴ・デ・ラ・カルサーダ
サン・ミリャン・デ・ココーリャ
サン・ジャン

関連地図B
（ピレネー〜カスティーリャ）
主要巡礼路
副次的巡礼路
フランス
アルルへ
アルルへ
フォワ
ペルピニャン
セラボーヌ
サン・マルタン・
デュ・カニグー
セオ・デ・ウルヘル
ジローナ
ヴィック
カタルーニャ
モンセラット
レリダ
バルセローナ
タラゴーナ

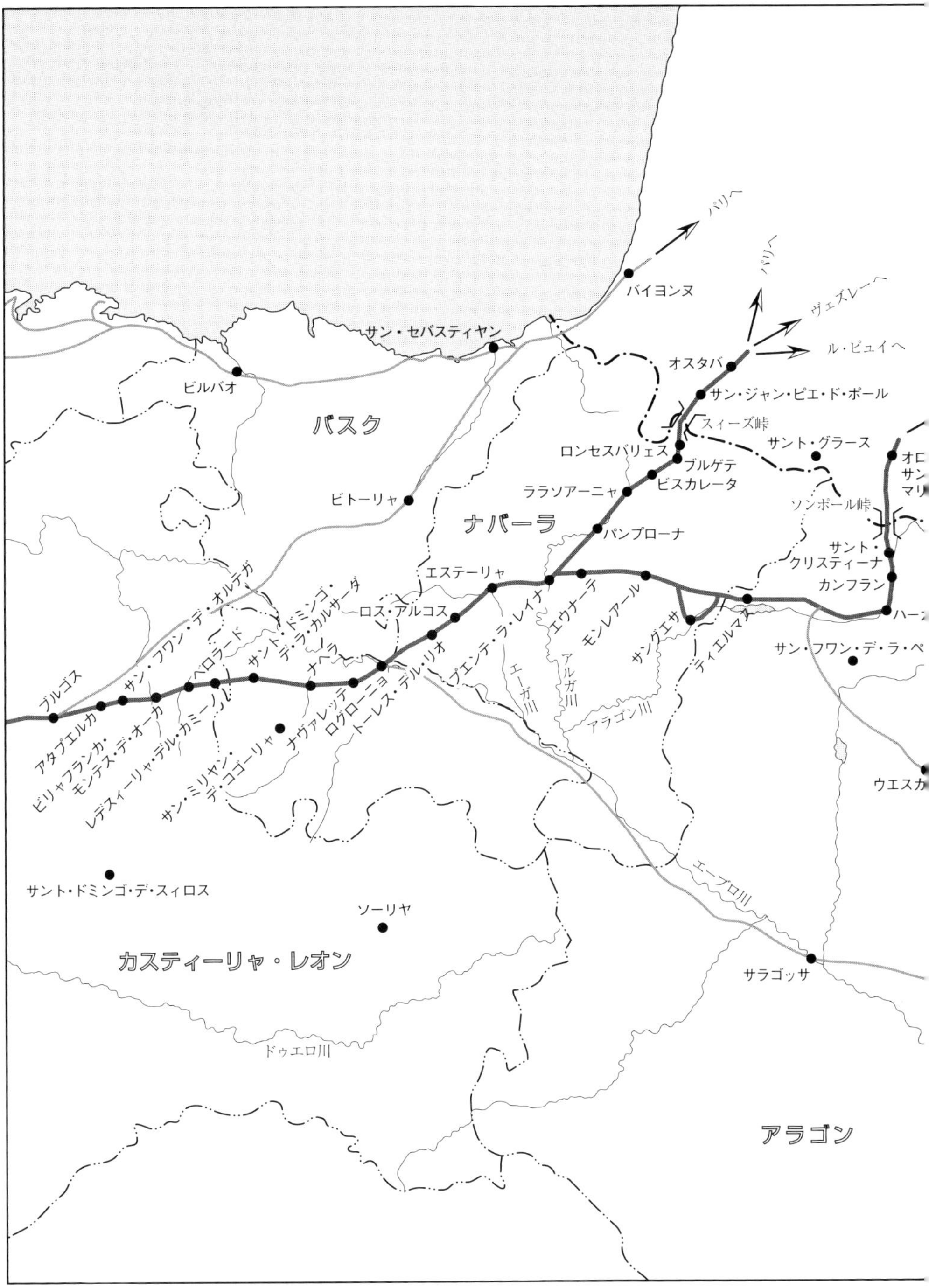
パリへ
パリへ
ヴェズレーへ
ル・ピュイへ
バイヨンヌ
サン・セバスティヤン
ビルバオ
オスタバ
サン・ジャン・ピエ・ド・ポール
スィーズ峠
バスク
ロンセスバリェス
サント・グラース
ブルゲテ
ビスカレータ
ララソアーニャ
ビトーリャ
ソンポール峠
ナバーラ
パンプローナ
サント・
クリスティーナ
エステーリャ
カンフラン
ブルゴス
サン・フワン・デ・オルテガ
サント・ドミンゴ・
デ・ラ・カルサーダ
ロス・アルコス
エウナーテ
モンレアール
サングエサ
ティエルマス
ハーカ
ベロラード
ナヘラ
プエンテ・ラ・レイナ
サン・フワン・デ・ラ・ペ
ログローニョ
トーレス・デル・リオ
ナヴァレッテ
エーガ川
アルガ川
アラゴン川
アタプエルカ
ビリャフランカ
モンテス・デ・オーカ
レデスィーリャ・デル・カミーノ
サン・ミリャン・
デ・ココゴーリャ
ウエスカ
サント・ドミンゴ・デ・スィロス
エーブロ川
ソーリャ
カスティーリャ・レオン
サラゴッサ
ドゥエロ川
アラゴン

関連地図C
（カスティーリャ〜ガリスィヤ）
主要巡礼路
副次的巡礼路
ヒホン
オビエード
サンタンデル
ビルバオ
ストゥリヤス
カンタブリヤ
バスク
エーブロ川
ビトーリャ
ナバーラ
ナヘラ
サント・ドミンゴ・デ・ラ・カルサーダ
レデスィーリャ・デル・カミーノ
ベロラード
サン・フワン・デ・オルテガ
ビリャフランカ・モンテス・デ・オーカ
アタプエルカ
ブルゴス
タルダーホス
オルニーリョス・デル・カミーノ
イテーロ・デル・カスティーリョ
ボアディーリャ・デル・カミーノ
フロミスタ
ビリャセザール・デ・スィルガ
カリヨン・デ・ロス・コンデス
カストロヘリース
ピスエルガ川
パレンシヤ
カリヨン川
サアグン
セア川
エスラ川
マンスィーリャ・デ・ラス・ムーリャス
レオン
サン・ミゲル・デ・エスカラーダ
サン・ミゲル・デル・カミーノ
プエンテ・デ・オルビーゴ
オルビーゴ川
キンタニーリャ・デ・ラス・ビーニャス
サント・ドミンゴ・デ・スィロス
カスティーリャ・レオン
バリャドリード
サモーラ
サラマンカ

リバデオ
モンドニェド
ラ・コルーニャ
ミーニョ川
ルーゴ
フィニステーレ
サンティヤーゴ・デ・コンポステーラ
ラバコーリャ
カスタニョーラ
メリッド
パラス・
デ・レイ
バルバデーロ
サリヤ
リニャーレス
エル・
パドロン
フェルレイオス
サンティヤーゴ・デ・ボエンテ
レボレイロ
ポルトマリン
トリャカステーラ
セブレーロ
ビリャフランカ・
デル・ビエルソ
カカベロス
ポンフェラーダ
モリナセー
エル・
ガリスィャ
ポンテベドラ
オレンセ
ペニャルバ
フォンセバドン
ラバナル・デル・カミー
ポルトガル
ポルトゥ

あとがき

もう三十年近くも前のことだが、世界各地に残る聖域の主要なものを紹介しようという案が持上がり、私が全体の企画を立てて、それぞれの分野の専門家に執筆を依頼することになった。豊富に用いられた写真図版も、それぞれの聖域に関心のある優れた写真家に依頼した。そのとき、全十八巻（最後に別巻二巻を追加）の外装に私の付した刊行趣旨は左の如くである。

すべての民族は神話をもっている。神話は宇宙の生成を、民族の発祥を、その苦難と繁栄の過程を物語る。

神話の多くは、太古の霧のなかに半ばその姿を没しているが、必ず地上の特定の場所に聖域を定めて、そこに影を落とす。聖なる者はそこに顕現し、そこに生き、そこに永遠の存在を印する。

その選ばれた場所は、必ずなんらかの意味で神秘の宿る山であり、川であり、泉であり、洞穴であり、そしてまた、老樹の生い茂る場所であった。そこに祭壇が設けられ、聖殿が立ち、さらに聖域は整い、栄え、やがて文化が育った。

聖域は、天と地の、目に見えるものと見えないものとの接点である。過去はそこに現在としてあり、未来はそこを母胎として広がる。民衆は聖域を中心として生き、栄えてきた。あらゆる文化は聖域を原点とする。

人間の心の深層は、文化の原点につながれている。聖域は、そこに立つ者の心に強烈なものを印せずにはおかない。聖域には、民族ないし文化の発祥と発展の論理が秘められているからである。

聖域に立つ者の心は、浄化される。浄化とは、人間を生の原点に、文化の原点に引きもどすことである。

それは今のわたしたちに、特に必要なことであろう。

その世界の聖域のほとんどを私は訪問し、新企画のすべての巻に序文を載せ、その多くの巻に寄稿したが、一巻のすべての文章を私一人で受け持ったのは、サンティヤーゴ巡礼路の巻である。この聖地を私はそれまでに何度か訪問し、そこへ到るフランスやスペインの幾つもの巡礼路に沿った多数の聖堂や墓地を繰返し繰返し訪問した。私は各地を巡りながらどれだけのものを感じとり、どれだけのことを筆録し、そしてどれだけの写真をとったろうか。さまざまな経験がどれだけ私の心の糧となったろうか。昭和五十五年に発刊されたサンティヤーゴ巡礼路の一巻は、それまでの私の眼と心の収穫をできるだけ紹介したものであるが、実はその後も同様の旅を相変わらず繰返してきた。巡礼路に対する私の関心も、少しずつ変ってきたかもしれない。私は聖堂や聖跡巡りだけでなく、今は通う人もいない古い巡礼路や小さい村、そこで見かける老婆、驢馬や鶏とまで、会話を交わすようになった。かつての巡礼路でも、今は自動車が行き交う新しい舗装道路などは、私に何も教えてくれないのである。終点のサンティヤーゴの大聖堂も、あの巡礼案内記が書かれた時代の名残りは、よほどうすれているのである。

前に出版された本の写真は、若い写真家の赤地経夫氏にお願いしたが、今回は私の目で見たもの、心に感じたものを紹介するため、私の撮った写真を利用した。この機会を利用して赤地氏に改めて御礼を申し上げる。なお本書の校正その他に関して高野禎子さんにさまざまのご助力を頂いた。厚い感謝である。

二〇〇五年五月吉日

柳　宗玄

初出一覧

「サンティヤーゴの巡礼路」……『サンティヤゴの巡礼路』(世界の聖域16、講談社、一九八〇年刊)
全訳『サンティヤーゴ巡礼案内書』……新稿
「サント・ドミンゴ・デ・ラ・カルサーダの奇蹟」……新稿

写真：著者現地撮影(図10・11を除く)

柳宗玄著作選 6 《第一回配本》

サンティヤーゴの巡礼路

二〇〇五年六月一〇日 初版第一刷発行

著者 柳 宗 玄

発行者 八 坂 立 人

印刷・製本 モリモト印刷（株）

発行所 （株）八 坂 書 房

東京都千代田区猿楽町一―四―十一
TEL 〇三―三二九三―七九七五
FAX 〇三―三二九三―七九七七

落丁・乱丁はお取り替えいたします

ISBN 4-89694-754-1

柳宗玄著作選

［全６巻］

第一巻　西洋の誕生

太陽神キリスト／聖樹より十字架へ
幻の「木の文化」／生命の泉／水に生きるもの
死者の舟・生者の舟／羊の国にて／巨石の伝統
山岳信仰の流れ／十字文の世界／謎の組紐文
聖母の誕生／古代彫刻の終焉／不肖の像

第二巻　東方キリスト教美術

総　説　東方世界の多元化
第一章　初期キリスト教美術の形成
第二章　コプト美術とその周辺
第三章　アジア的キリスト教美術の諸相
第四章　ビザンティン美術とその伝統

第三巻　初期ヨーロッパ美術

総　説　ヨーロッパ美術の二潮流
第一章　ケルトの伝統とその新展開
第二章　ゲルマンの伝統とその新展開
第三章　地中海美術の変貌
第四章　カロリング朝とヨーロッパ美術の形成

第四巻　ロマネスク美術

総　説　象徴芸術の大時代
第一章　天の像
第二章　地の像
第三章　神の家
第四章　素材・機能・造形

第五巻　ロマネスク彫刻の形態学 ［第二回配本］

聖母／空想の怪獣／天使と悪魔
植物／キリスト／鳥獣
庶民の生活／抽象の形／謎の顔
人像円柱／柱頭の福音書　ほか

第六巻　サンティヤーゴの巡礼路 ［第一回配本］

第一章　聖ヤコブスの聖地へ
第二章　巡礼に旅立つ人々
第三章　ガリスィヤを目指して
第四章　さいはての大聖堂
終　章　中世の巡礼たち
全訳『サンティヤーゴ巡礼案内書』ほか